Zu diesem Buch

Ob es sich um schlichte Mahlzeiten oder erlesene Gerichte und Menüs handelte – beim Essen war Ernest Hemingway ein Feinschmecker, der seine Speisekarte ebenso variantenreich zu gestalten wußte wie sein Leben. Mit grobgemahlenem Pfeffer und etwas Senf ließ er sein Frühstücksei zu einer Gaumenfreude werden. Aber auch bei Bisamratte oder Seegurke war seine kulinarische Neugier ungebrochen.
Die Originaltöne aus Artikeln, Kurzgeschichten und Romanen Hemingways, zahlreiche Ambientefotos und die entsprechenden Rezepte lassen eine Atmosphäre entstehen, die bereits beim Lesen Appetit macht. Wo Rezeptangaben fehlten, wurden Alternativen aus der entsprechenden Zeit und Landesküche passend ergänzt.

Der Autor

Piet Kistemaker, geboren 1958 in den Niederlanden, studierte Anglistik und Amerikanistik in Düsseldorf. Dem reiselustigen Literaturwissenschaftler, Hobbykoch, Segler und Vater von vier Töchtern konnte nach eigener Aussagen «nichts Besseres passieren, als sich auf die kulinarischen Spuren Ernest Hemingways zu begeben».

Piet Kistemaker

Wilde gastronomische Abenteuer

Ernest Hemingways kulinarische Biographie

Rowohlt Taschenbuch Verlag

Für meine Frau Agnes
und unsere Töchter Louisa, Mariska, Mariel und Lisanna

Originalausgabe
Veröffentlicht im Rowohlt Taschenbuch Verlag
GmbH, Reinbek bei Hamburg, Juli 1999
Copyright © 1999 by Rowohlt Taschenbuch Verlag
GmbH, Reinbek bei Hamburg
Lektorat Angelika Mette
Redaktionelle Bearbeitung Ricarda Gerhardt
Rezepte und kulinarische Beratung Cornelia Schinharl
Bildrecherche und Beratung Hans-Peter Rodenberg
Umschlaggestaltung Beate Becker
(Foto: Süddeutscher Verlag)
Satz Minion und Trixie PostScript, QuarkXPress 3.32
Gesamtherstellung Clausen & Bosse, Leck
Printed in Germany
ISBN 3 499 22642 1

Inhalt

Vorwort 7

Einleitung
Gourmet in allen Lebenslagen 9

Über den Fluß und in die Wälder
Eine Jugend in der Wildnis 15

In den Sturmfluten des Frühlings
Als Kriegsfreiwilliger nach Italien 27

In einem andern Land
Heimkehr in die Fremde 35

Paris – ein Fest fürs Leben
Ein Amerikaner entdeckt die Küche der Alten Welt 43

Fiesta
Der Erfolg als Schriftsteller 77

Im Garten Eden
Kosmopolit und Bonvivant 99

Die grünen Hügel Afrikas
Luxus am Lagerfeuer 113

Wem die Stunde schlägt
Genuß und Guerilla 127

Der alte Mann und das Meer *141*
Der Abschied

Zeittafel 168
Anmerkungen 170
Verzeichnis der Rezepte 178
Verzeichnis der Getränke 180
Personenregister 183
Literatur 186
Weiterführende Literatur 187
Quellennachweis der Abbildungen 188

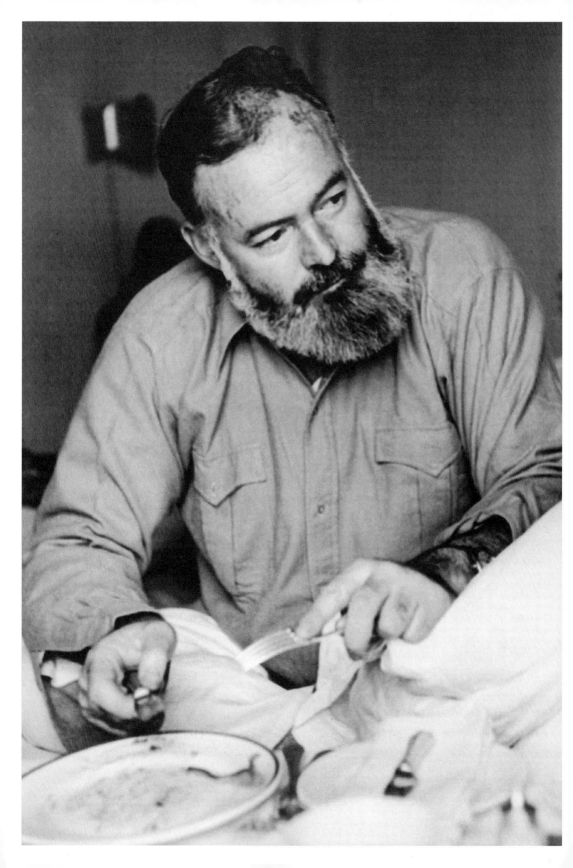

Vorwort

Seit meiner Jugend zählt Ernest Hemingway zu meinen Lieblingsautoren. Sein ausdrucksvoller, prägnanter Schreibstil und die teilweise autobiographischen Züge seiner Erzählungen zeugen gleichzeitig von Leidenschaft und machohaftem Heldentum, aber auch – oft verborgen und leise – von einer großen Sensibilität. Nicht der Kriegsberichterstatter, der Haudegen und Aficionado sollen in diesem Buch im Vordergrund stehen, sondern die unterschwelligen Stimmungen, die sich in den ausgewählten Passagen entfalten und wahrhaftig spürbar werden.

Als reiselustiger, weingenießender Hobbykoch konnte mir nichts Besseres passieren, als mich auf Hemingways kulinarische Spuren zu begeben, denn in puncto Essen und Trinken war er ein unvergleichlicher Kenner und Genießer. Seine gastronomischen Erfahrungen nahmen sowohl in seinen journalistischen Artikeln als auch in seinem literarischen Werk einen großen Stellenwert ein, und er konnte bei den teilweise detaillierten Schilderungen geradezu in verführerisches Schwelgen geraten.

Über die Jahre entwickelte sich Hemingway zu einem welterfahrenen Feinschmecker mit eigener Philosophie über die verschiedensten Eß- und Trinkkulturen. In seinem Werk finden sich neben vielen internationalen Tips und Empfehlungen zu Bars, Restaurants, Cafés und Hotels Beschreibungen einzelner Zutaten, komplette Menü- und Getränkefolgen bis hin zu Kochanweisungen und passenden Serviervorschlägen. Mit seinen ganz persönlichen Vorlieben und geschmacklichen Maßstäben hält er sich in gewohnter Manier kaum zurück und gibt damit den Blick auf eine private, bislang verborgene Seite frei.

Die zusammengestellten Rezepte, Mixanweisungen und Getränkevorschläge richten sich nach Originaltönen, die vom Autor selbst stammen. Wo er keine oder unvollständige Rezepte zu den Gerichten nennt, wurden Alternativen aus der entsprechenden Zeit und Landesküche gesucht und passend ergänzt.

Sämtliche Rezepte sind für vier Personen gedacht, außer, wenn ausdrücklich eine andere Anzahl angegeben wird.

Piet Kistemaker, im Mai 1999

Einleitung
Gourmet in allen Lebenslagen

Vieles ist über Ernest Hemingways Leben und Werk geschrieben worden. Der Nobelpreisträger für Literatur, dem der Ruf des Draufgängers und Haudegens mit schillerndem Lebenswandel voranging, regte zahlreiche Literaturkritiker, Wissenschaftler und Biographen zu den unterschiedlichsten Interpretationen und Deutungen an.

Über eines scheinen sich aber sowohl Befürworter als auch Kritiker einig zu sein: Die treibende Kraft für Hemingways Schaffen und Wirken lagen in seiner Neugier und seinem Hunger nach Erfahrungen. Es drängte ihn, alle Facetten des menschlichen Daseins hautnah mitzuerleben. Mit seinen realitätsnahen, ungeschönten Schilderungen prägte er einen eigenen unverwechselbaren literarischen Stil und erzeugte eine große atmosphärische Dichte. Seine Artikel, Romane und Kurzgeschichten handeln von Extremerfahrungen ebenso wie von ganz alltäglichen Ereignissen. Dazu gehören als fester Bestandteil, der sich wie ein roter Faden durch das literarische und journalistische Schaffen zieht, die Momente des Essens, Trinkens und Genießens.

Hemingway kannte hier keine Vorbehalte: Seine Experimentierfreude, mit unbekannten, exotischen Zutaten ein Menü zusammenzustellen, war schier unerschöpflich. Auf seinen Wanderungen durch die Wälder Nordmichigans, in den Pariser Literatencafés der zwanziger Jahre, während seiner Reisen nach China und als Kriegsberichterstatter in die Türkei und nach Spanien, bei der Hochseefischerei in der Karibik und der Großwildjagd in Afrika – stets war Hemingway offen für regionale und nationale Spezialitäten, an deren Fang und Zubereitung er sich, wenn möglich, beteiligte. Als Feinschmecker schätzte er erlesene

Gerichte, aber auch einfache Mahlzeiten wußte er geschickt zu veredeln: In *Der Garten Eden* beschrieb er, wie er sein Frühstücksei zunächst mit etwas Senf bestrich, bevor er es mir grobgemahlenem Pfeffer würzte und es sich dann schmecken ließ.

Hemingway liebte aber nicht nur die Gaumenfreuden, sondern legte viel Wert auf die dazugehörige Atmosphäre, die passende Umgebung und viel Stil. Essensszenen gerieten ihm anschaulich, detailreich und stimmungsvoll, so daß sie oft zu einem wahren Fest der Sinne wurden. Dabei spielte es keine Rolle, ob sich der Schauplatz unter freiem Himmel oder in einem Fünf-Sterne-Restaurant befand.

In der Reportage *Die wilden gastronomischen Abenteuer eines Gourmets* listet der gerade Vierundzwanzigjährige auf, welche ungewöhnlichen Raritäten bereits zu seinem kulinarischen Erfahrungsschatz zählten.

```
Ich habe chinesische Seegurken gegessen, Bisam-
ratten, Stachelschweine, Biberschwanz, Vogel-
nester, Seepolypen und Pferdefleisch.
   Ich habe auch Schnecken gegessen, Aale, Spatzen,
Kaviar und Spaghetti. In allen Formen.
   Darüber hinaus habe ich hin und wieder chinesi-
sche Flußgarnelen, Bambussprossen, hundertjährige
Eier und Imbißstuben-Krapfen gegessen. Schließ-
lich muß ich gestehen, daß ich Maultierfleisch,
Bärenfleisch, Elchfleisch, Froschschenkel und
fritto misto gegessen habe. ...
   Bevor die Beichte vorbei ist, muß ich zugeben,
daß ich häufig Ziege gegessen habe. Das heißt
junge Ziege. In Italien ist das eine Delikatesse,
und auf den dortigen Märkten hängen gehäutete
Ziegen wie Kaninchen. Geschmort schmecken sie
sehr gut.¹
```

Hemingway kam im gleichen Artikel zu der Schlußfolgerung:

```
Nach Jahren abenteuerlichen Essens bin ich nur
auf wenige Dinge gestoßen, die ich nicht mag. Zum
```

> Beispiel Pastinak. Und Doughnuts. Und Yorkshire-
> Pudding. Und gekochte Kartoffeln.
>   Andere Nahrungsmittel, etwa die Süßkartoffel,
> kann ich nicht mehr essen, weil ich mich irgend-
> wann einmal daran überfressen habe. Wieder an-
> dere, wie etwa Spaghetti, kann ich wegen meiner
> ungeschickten Hände nicht mehr so gut essen. Aber
> ich bin dahintergekommen, daß Essen seinen Zauber
> bewahrte, während alles andere ihn verloren hat.
> Und solange meine Verdauung mitmacht, werde ich
> mich diesem Zauber hingeben.[2]

Allgemein bekannter als Hemingways Beziehung zum Essen ist die zum Trinken. Er war ein ausgezeichneter Weinkenner, der sich auch mit der Kunst des Weinanbaus beschäftigt hatte.

> Damals hielten wir in Europa Wein für etwas so
> Gesundes und Normales wie Essen und auch für
> einen großen Spender von Glück, Wohlbefinden und
> Entzücken. Weintrinken war weder Snobismus noch
> ein Zeichen von feiner Lebensart, noch ein Kult.
> Es war ebenso natürlich wie Essen und für mich
> ebenso notwendig. Es wäre mir nie eingefallen,
> eine Mahlzeit ohne Wein, Apfelwein oder Bier zu
> mir zu nehmen.[3]

Auch Cocktails oder gemixte Drinks hat Hemingway gern und reichlich getrunken und eigene, teilweise nach ihm benannte Kreationen erfunden (*Papa Doble*, Seite 143, *Mojito*, Seite 124). Im Lauf der Zeit entwickelte er sich zum Experten bei der Zusammenstellung von Getränken und den dazu passenden Gerichten und Gelegenheiten. In *Tod am Nachmittag* läßt er sein umfangreiches Wissen über Geschmack und Wirkung zahlreicher europäischer Weinsorten in einer Art rauschhaftem, selbstironischem Exkurs in den Text einfließen.

> Der Vergleich mit Weintrinken ist nicht so weit
> hergeholt, wie es scheinen mag. Wein ist eines
> der zivilisiertesten Dinge der Welt und eines der

natürlichsten Dinge der Welt, das zu größter Vollkommenheit gebracht worden ist, und es bietet dem Vergnügen und dem Verständnis weiteren Spielraum als vielleicht irgendein anderes rein sinnliches Ding, das sich kaufen läßt. Man kann Weintrinken lernen und die Erziehung seines Gaumens mit großem Vergnügen sein ganzes Leben über betreiben; der Gaumen wird immer gebildeter und fähiger, Wein zu würdigen, selbst wenn die Nieren versagen, der große Zeh schmerzt und die Fingergelenke steif werden, bis einem schließlich, gerade wenn man ihn am liebsten hat, Weintrinken gänzlich verboten wird. ... Unsere Körper nutzen sich alle in gewisser Weise ab, und wir sterben, aber ich würde lieber einen Gaumen haben, der mir das Vergnügen verschafft, einen Château Margaux oder Haut Brion voll zu genießen - selbst wenn Exzesse, denen ich mich beim Erwerb desselben hingegeben habe, meine Leber so zugerichtet haben, daß sie mir nicht mehr gestattet, Richebourg, Cortin oder Chambertin zu trinken -, als das Weißblechinnere meiner Jugend zu haben, als alle Rotweine bis auf Port bitter schmeckten und Trinken nichts weiter war als der Vorgang, genügend von irgend etwas in sich hineinzugießen, um sich verwegen zu fühlen. Wichtig ist es natürlich, zu vermeiden, daß man Weintrinken ganz und gar aufgeben muß, genauso wie man in bezug auf die Augen das Erblinden vermeiden sollte. Aber bei all diesen Sachen scheint das Glück eine große Rolle zu spielen, und kein Mensch kann den Tod durch ehrliches Bemühen vermeiden noch sagen, wieviel Benutzung irgendein Teil seines Körpers aushalten kann, ehe er es probiert hat. Dies scheint uns vom Stierkampf abgebracht zu haben, aber der springende Punkt war der, daß der Mensch mit zunehmendem Wissen und wohlausgebildeten Sinnen dem Weintrinken unendliches Vergnügen abzugewinnen vermag, genauso wie das Vergnügen eines Menschen beim Stierkampf zu einer der größten der minderen Leidenschaften anwachsen kann; dennoch wird ein zum erstenmal weintrinkender Mensch, nicht ein schmeckender und kostender, sondern ein *trinkender*, wissen, wenn er ihm nicht gleich schmeckt, oder wenn er unfähig ist zu schmecken, ob er die Wirkung mag oder nicht und ob es gut oder nicht gut für ihn ist. Zu Anfang ziehen die meisten Leute wegen ihrer malerischen Eigenschaften süße Weine vor, wie Sauternes, Graves, Barsac und Schaumweine sowie nicht zu herben Champagner und schäumenden Burgunder, während sie später all diese für einen leichten, aber vollen und edlen Médoc der Grands Crus hergeben würden, selbst wenn er in einer einfachen Flasche sein mag ohne Etikett, voller Staub oder Spinnweben und mit nichts Malerischem, sondern nur mit seiner Sauberkeit und Zartheit und dem leichten Körper auf ihrer Zunge, kühl in ihrem Mund und warm, wenn sie ihn getrunken haben.[4]

Kansas City, Paris, Key West, Havanna, Ketchum und immer wieder Pamplona sind nur einige Stationen, die der rastlose Hemingway – Kosmopolit, Bonvivant und Freund der Frauen – immer wieder aufsuchte, um das Leben zu studieren und Eindrücke aller Art in sich aufzunehmen. In der kulinarischen Biographie Hemingways spiegeln sich Vielfalt und der Reiz des Neuen in den Eß- und Trinkgewohnheiten wider, die in der Summe ein bewegtes Schriftstellerleben aufschlußreich begleiten.

Über den Fluß und in die Wälder
Eine Jugend in der Wildnis

Ernest Miller Hemingway wurde am 21. Juli 1899 in Oak Park, Illinois, einer kleinen Vorstadt westlich von Chicago, geboren. Er war das zweite von sechs Kindern und der erste Junge in der Familie. Seine Eltern, Grace Hall Hemingway und Clarence Edmond Hemingway, stammten aus angesehenen Oak Parker Familien. Als Arzt in Oak Park nahm sein Vater Ed eine prominente gesellschaftliche Stellung ein.

Die Eltern bekannten sich zur kongregationalistischen Glaubensgemeinschaft, die eine übergeordnete Kirchenstruktur ablehnt, und Ernests Erziehung war daher für die damaligen Verhältnisse zwar streng, aber an bildungsbürgerlichen Werten orientiert und insbesondere seitens seiner Mutter von den Ideen der Gleichberechtigung geprägt. Dies ging soweit, daß sowohl die Kinder als auch Ed Hemingway an der Hausarbeit beteiligt wurden und der Vater im Sommerhaus am Lake Walloon für die Essenszubereitung zuständig war.

Hemingways musisch begabte Mutter Grace, die selbst Konzertsängerin hatte werden wollen und immer noch Gesangsunterricht gab, legte großen Wert darauf, in ihren Kindern kulturelles Interesse zu wecken, und nahm sie oft nach Chicago zu musikalischen Veranstaltungen, Theateraufführungen und Kunstausstellungen mit. Aber es war auch Grace, die die Gleichbehandlung von Ernest und seiner 18 Monate älteren Schwester Marcelline übertrieb, indem sie die beiden wie Zwillingsschwestern kleidete und erzog. Der kleine Junge mußte Kleider und Röcke tragen, und selbst seine Haare wurden wie die seiner Schwester geschnitten und gekämmt. Grace versuchte, diese Illusion über das Kleinkindalter ihrer ersten beiden Kinder hinaus aufrechtzuerhalten, wogegen aber sowohl Ernest als auch Marcelline heftigen Widerstand leisteten.

Hemingway hat sich mehrfach mit ambivalenten Geschlechtszuschreibungen auseinandergesetzt. Viele seiner Frauengestalten haben knabenhafte Figuren und tragen Kurzhaarfrisuren, die von eindeutig weiblichen Attributen abweichen. In einer der Nick-Adams-Geschichten, die als autobiographisch gelten, beschreibt er eine innere Bruder-Schwester-Beziehung, die bis zur Vorstellung eines geschlechtlichen Rollentauschs geht.

Kurz nach Ernests Geburt kauften die Eltern am Lake Walloon nahe der Stadt Petoskey in Nordmichigan ein Blockhaus, das sie *Windemere* nannten. Die Familie verbrachte dort regelmäßig die Sommermonate bis in den Herbst hinein.

Ed Hemingway war begeisterter Jäger und Angler, der seinen Kindern die Namen und Eigenarten der verschiedenen Pflanzen und Tiere der amerikanischen Wildnis beibrachte und an sie seine tiefe Liebe zur Natur weitergab. Von ihm wurde Ernest oft auf Jagd- und Angeltouren mitgenommen, er lernte die Technik des Fliegenfischens, und der Vater zeigte ihm, wie man in der Wildnis überleben konnte. Gleichzeitig vermittelte er ihm, die Natur zu achten und ihre Lebewesen zu respektieren: Jagen und angeln dienten der Nahrungsbeschaffung und nicht der Lust am Töten. Ernests Vater zerlegte seine Beute und bereitete sie selbst zu und war auch ohne technische Hilfsmittel ein leidenschaftlicher und guter Koch. Dieses Wissen gab er an seinen Sohn weiter. Kenneth S. Lynn schreibt dazu in seiner Biographie:

```
Praktisch alles, was Dr. Hemingway seine Kinder
zu töten lehrte, lehrte er sie auch zu essen. Er
machte sie nicht nur mit so anerkannten kulinari-
schen Genüssen bekannt wie Reh, Wachtel, Rebhuhn,
Taube, Ente, Schildkrötenfleisch, Froschschenkeln
und allerlei Fischarten, sondern überzeugte sie
auch davon, daß geschmortes Waldmurmeltier im
Geschmack einem geschmorten Hühnchen sehr nahe
käme und gebackenes Opossum mit Süßkartoffeln
dazu eine Köstlichkeit sei. Wenn er mit seinen
jugendlichen Begleitern durch den Busch zog,
```

(oben) Familienausflug nach Horton Bay, 1901.
(unten) Das Sommerhaus *Windemere* am Lake Walloon. Hier verbrachte Ernest mit seinen Eltern und Geschwistern die Sommer seiner Kindheit und Jugend.

"The Happy Quartette"
Taken June 1901

Taken July 4th 1901

zeigte er ihnen, welche Beeren und Gräser eßbar seien und welche nicht. Wilde Zwiebeln, erklärte er, seien ein prächtiger Brotbelag, und als Marcelline und Ernest behutsam davon kosteten, stellten sie fest, daß er recht hatte.[5]

Die Naturverbundenheit des Vaters, seine Jagd- und Angelbegeisterung, seine Experimentierfreude beim Essen und das Campieren unter freiem Himmel prägten entscheidend Ernest Hemingways Schreiben. Die Ungebundenheit seiner Jugendsommer in der wilden Seenlandschaft Michigans, seine Freundschaft mit Ojibway-Indianern und ihre gemeinsamen ausgedehnten Ausflüge und Abenteuer in den Wäldern spielen in seinen Büchern eine große Rolle. Mit der Figur des Nick Adams, über die eine ganze Reihe von Kurzgeschichten und Erzählungen entstanden, schuf er sich ein Alter ego, das immer noch durch die Wälder streifte, als er selbst sich längst für ein kosmopolitisches Großstadtleben entschieden hatte.

In einem Artikel über das *Zelten in freier Natur* läßt Hemingway seine Leser an seinen Kindheitserinnerungen teilhaben und empfiehlt ein einfaches Backrezept, das sich auch auf offenem Feuer leicht zubereiten läßt.

Ich verrate Ihnen ein Geheimnis: Es ist gar nichts dabei. Man hat uns nur jahrelang zum Narren gehalten. Jeder Mann von durchschnittlicher Bürointelligenz kann eine mindestens ebenso gute Pie wie seine Frau machen. Für eine Pie braucht man lediglich anderthalb Tassen Mehl, einen halben Teelöffel Salz, eine halbe Tasse Schmalz und kaltes Wasser. Das macht die Pie so knusprig, daß Ihren Campingpartnern Freudentränen in die Augen treten werden. Verkneten Sie Mehl, Salz und Schmalz zusammen mit kaltem Wasser zu einem guten fachmännischen Teig. Streuen Sie ein wenig Mehl auf eine Kiste oder etwas anderes Flaches, und klopfen Sie den Teig eine Weile. Dann rollen Sie ihn mit irgendeiner runden Flasche aus. Bestrei-

Ernest Hemingway mit der Ausbeute eines erfolgreichen Angeltages.

chen Sie den Teiglappen mit etwas Schmalz, und streuen Sie ein bißchen Mehl darüber; rollen Sie das Ganze zusammen und dann mit der Flasche wieder flach.

Nun schneiden Sie aus dem ausgerollten Teig ein Stück, groß genug, daß Sie Ihre Pie-Backform damit ausschlagen können. Ich mag gerne die, die unten Löcher haben. Dann legen Sie getrocknete, zuvor eine Nacht lang eingeweichte und gezuckerte Äpfel, Aprikosen oder Blaubeeren hinein, und dann nehmen Sie einen zweiten Teiglappen und legen ihn gefällig oben drauf. Die Ränder verlöten Sie mit Ihren Fingern. Schneiden Sie in den oberen Teiglappen Schlitze, und stechen Sie auch ein paarmal kunstvoll mit einer Gabel hinein.

Das Ganze stellen Sie für 45 Minuten bei schwachem Feuer in den Ofen, dann holen Sie es heraus; und wenn Ihre Freunde Franzosen sind, werden sie Sie abküssen. Die Strafe für Ihre Kochkünste besteht darin, daß die anderen Sie ständig kochen lassen werden.[6]

Brathuhn auf Süßkartoffeln

*4 Süßkartoffeln,
Salz,
rosenscharfer Paprika,
abgeriebene Schale von
½ unbehandelten
Zitrone,
¼ TL gemahlener
Ingwer,
4 EL Ahornsirup,
2 EL Zitronensaft,
1 Brathähnchen,*

Süßkartoffeln schälen und in etwa ½ cm dicke Scheiben schneiden. Süßkartoffelscheiben in eine große feuerfeste Form legen und mit Salz, Paprika, Zitronenschale und Ingwer bestreuen. Ahornsirup mit Zitronensaft mischen und darüberträufeln. Hähnchen waschen, trockentupfen und der Länge nach halbieren. Worcestersauce mit Öl, Salz und Tabasco nach Geschmack mischen und die Hähnchenhälften damit einstreichen. Mit der Hautseite nach oben auf die Süßkartoffelscheiben legen und im heißen Ofen bei 220° etwa 35 Minuten braten, bis das Hähnchen knusprig und gar ist.

Tip: Mit einem Stäbchen in die dickste Stelle der Hähnchenkeule stechen. Tritt klarer Saft aus, ist das Hähnchen gar. Ist er noch rötlich, also blutig, muß das Hähnchen etwas länger garen.

1 EL Worcestersauce,
2 EL Öl,
Tabascosauce nach
Geschmack

Pie mit Äpfeln

Äpfel in Stücke schneiden und mit dem Cidre oder Apfelsaft einmal aufkochen und anschließend über Nacht quellen lassen. Für den Teig am nächsten Tag das Mehl mit dem Salz mischen. Butter und 100 g Schmalz in Stücke schneiden und mit dem Wasser zum Mehl geben und glatt verkneten. Teig auf der bemehlten Arbeitsfläche knapp 1 cm dick ausrollen, mit dem übrigen Schmalz bestreichen. Mehrmals zusammenklappen und nochmals ausrollen. Eine Pie- oder Tarteform von 30 cm Durchmesser fetten. Aus dem Teig zwei passende Böden für die Form zuschneiden, einen hineinlegen und einen Rand formen. Äpfel mit Zucker, Speisestärke oder Mehl, Zimt und Muskat mischen und darauf geben. Zweiten Teigboden mit einer Gabel mehrmals einstechen, mit einem Messer kreuzförmig Schlitze in den Deckel schneiden. Teig auf die Äpfel legen, die Ränder der beiden Teigstücke gut zusammendrücken. Pie im Ofen bei 180° etwa 55 Minuten backen. Am besten lauwarm essen (vorsichtig mit einem scharfen Messer schneiden, da der Teig sehr mürbe ist). Mit geschlagener Sahne oder mit einer Kugel Vanilleeis servieren.

300 g getrocknete
Apfelringe,
½ l Cidre oder
Apfelsaft,
350 g Mehl,
¼ TL Salz,
50 g kalte Butter,
125 g Schweineschmalz,
5–6 EL kaltes Wasser,
100 g brauner Zucker,
1 EL Speisestärke
oder Mehl,
je 1 kräftige Prise
Zimtpulver und
geriebene Muskatnuß,
Butter für die Form

Tip: Natürlich können Sie auch frische Äpfel nehmen. Sie brauchen etwa 700 g. Der Cidre oder Apfelsaft wird dann ersatzlos gestrichen.

Die Sommer in den Wäldern unterbrachen Hemingways Schuljahre an der Oak Park High School. Trotz seines leidenschaftlichen Herumstromerns lehnte er die vergleichsweise einengende Schule nicht ab. Wissensdurstig und angeregt durch ihre Mutter, begannen sowohl Ernest als auch seine Schwester früh mit intensiver Lektüre der englischen Klassiker, die in der Bibliothek des Elternhauses vertreten waren, und wurden zu ehrgeizigen und guten Schülern. William Shakespeare blieb zeitlebens Hemingways Lieblingsautor. Darüber hinaus lernten die Geschwister ein Instrument zu spielen – Ernest mit mäßigem Erfolg Cello –, sangen im Chor und nahmen an Diskussionszirkeln teil.

In der Schülerzeitung *Trapeze* veröffentlichte Hemingway erste eigene Schreibversuche, hauptsächlich Glossen. Für die Jahrgangszeitung *Tabula* schrieb er bereits kleinere Artikel. Sein Talent wurde von seinen Lehrern erkannt und gefördert, auch wenn er sie durchaus zu provozieren versuchte. Die Aufgabe, einen Blankvers zu schreiben, löste er folgendermaßen:

```
Blankvers 7


        «                           »

              !         · :        ,           .


                   ,


                        ,                 .


                   ,              ;              !


                        ,
```

Neben seinen guten Leistungen in englischer Literatur, Latein und Mathematik legte Hemingway auch sportlichen Ehrgeiz an den Tag. Weniger talentiert für Rugby und Tanz, spielte er Football und Wasser-Basketball und war außerdem ein guter Leichtathlet. Hochaufgeschossen und gutaussehend, strotzte er vor Energie, war kraftvoll und zugleich geschickt. Schon damals faszinierte ihn der Boxkampf, eine Sportart, die er zeitlebens selbst betrieb und deren Wettkämpfe er besuchte. Die schöngeistige Aufgabe, eine Ballade zu schreiben, löste der selbstbewußte Jugendliche in Halbstarken-Manier geradezu draufgängerisch-frivol:

```
Know where I would like to be -
                Träume einen schönen Traum –
Just a-lyin' 'neath a tree
                Liegend unter einem Baum
Watchin' clouds up in the sky
                Seh ich Wolken hoch im Blauen
Fleecy clouds a-sailin' by
                Federwolken, und wir schauen
And we'd look up in the blue -
                Ihrem leichten Segeln zu –
Only me, an' maybe you.
                Ich allein und vielleicht du.
I could write a ballad then
                Dann würd' mir ein Vers gelingen,
That would drip right off my pen.
                Würd' aus meiner Feder springen.
(Aw, shucks!)
                (Ach Quatsch!)[8]
```

Die vorletzte Zeile «That would drip right off my pen» kann als eine nur leicht verschlüsselte Anspielung auf Hemingways «bestes Stück» verstanden werden, die möglicherweise seine Englisch-Lehrerin Margaret Dixon schockieren sollte. Miss Dixon aber stand über den Dingen und erkannte die literarische Begabung, förderte ihren Schüler und ermutigte seine schriftstellerischen Ambitionen.

Trotz seiner guten Leistungen und seiner Disziplin beschloß Hemingway, nach Abschluß seiner Schulzeit im Jahre 1917 keine akademische Laufbahn einzuschlagen, und setzte sich gegen die Wünsche seiner Eltern durch. Er verspürte wenig Lust auf die wissenschaftlichen, realitätsfernen Theoriestudien der intellektuellen Eliten. Er wollte schreiben, und zwar über das, «was man selbst sieht und fühlt».[9] Sein Onkel Tyler Hemingway vermittelte ihm eine Reportertätigkeit beim *Kansas City Star*, einer großen Tageszeitung, die als eine der renommiertesten der Vereinigten Staaten galt. Die journalistische Maxime des *Kansas City Star* umfaßte strenge Schreib- und Stilregeln: Sie forderte dem journalistischen Nachwuchs eine wahrheitsgetreue, klare «Schreibe» mit dem Sinn für eine flotte, verständliche und schnörkellose Sprache ab. Aufbau und Gliederung der Artikel sollten logisch, prägnant und dynamisch sein. Für Hemingway bedeuteten diese journalistischen Anweisungen den Bruch mit den literarischen Traditionen seiner Kindheit, ohne jedoch die Literatur als solche abzuwerten, und prägten nachhaltig seinen späteren Stil.

Kansas City war zu jener Zeit auf dem besten Wege, sich zu einer modernen, aufstrebenden Großstadt zu mausern. Breite Alleen und neue Architektur kennzeichneten das Stadtbild ebenso wie ein reges Kulturleben und die aufkommende Jazzmusik das gesellschaftliche Treiben in neue Schwingungen versetzten.

Für seine Recherchen und Reportagen kam der Achtzehnjährige viel herum und wurde auch mit den harten Seiten des Großstadtlebens, mit Gewalt, Tod, Krankheit und Elend, konfrontiert.

Das Nachtleben von Kansas City offenbarte ihm allerdings auch ganz neue kulinarische Einblicke. In der Reportage *Die wilden gastronomischen Abenteuer eines Gourmets* liest sich das so:

```
Chinesische Seegurken habe ich zum erstenmal in
Kansas City gegessen. Ich arbeitete einen Winter
lang als Polizeireporter für den Kansas City
Star; und in dieser Zeit erweiterte ich meine
epikureischen Kenntnisse, indem ich mich durch
die komplette Speisekarte eines Chinarestaurants
```

aß. Ich rede nicht von einem dieser kanadisierten chinesischen Schnellimbisse, sondern von einem echten Chop Suey- und Chow Mein-Laden, mit Teakholztischen und einer Fanttan-Höhle im Hinterzimmer.

Damals hatte ich Chow Mein entdeckt, das anständig zubereitet jedes beliebige andere orientalische Gericht ebenso sicher schlägt wie Mr. Dempsey Mr. P. Villa. Doch irgendwie hatte ich das Gefühl, die Chinesen hätten auch noch anderes als Chow Mein zu bieten. Irgendwo auf dieser unverständlichen Speisekarte stand sicher ein Gericht, das Chow Mein so viel schlechter aussehen ließ als Chow Mein bisher jedes andere Gericht auf der Welt für mich.

Also beschloß ich, mich durch die komplette Speisekarte zu essen. Sie war fast sieben Seiten lang. Ich brauchte den ganzen Winter. Aber ich habe einige wundervolle Entdeckungen gemacht.

Niemand braucht mir noch zu erzählen, wie Dr. Banting sich gefühlt haben muß, als er das Insulin entdeckte. Bei meinen gastronomischen Forschungen lernte ich die wissenschaftliche Begeisterung kennen.

Es gab jedoch auch etliche Rückschläge. Zunächst einmal wollte mich nach den ersten Wochen niemand mehr zum Essen begleiten. Und dann kamen die Seegurken dran. Ich stand vor einer knappen halben Seite Seegurken. Seegurken in jeder denkbaren Form. Fast hätte ich aufgegeben. Noch heute läßt mich das Wort Seegurke oder sein chinesisches Äquivalent erschaudern. ...

Kansas City war damals eine lebendige Stadt, und der Glanzpunkt ihres Nachtlebens waren die Imbißbuden. Manche Nacht habe ich, während der Blizzard durch den großen kalten Trichter des Missouri-Tals fegte, im Schutz einer Imbißbude gestanden und Chili con carne, rotbraun und höllisch scharf, und echte Chilmaha frijoles gegessen und gleichzeitig vom Imbißbesitzer manches über das Leben und über mexikanische Hausmannskost erfahren. Ins Innere einer solchen Imbißbude

eingeladen zu werden war eine große Ehre, die nur
Auserwählten zuteil wurde. Und die Besitzer waren
außerdem allesamt wunderbare Köche.[10]

Auf Altvertrautes brauchte er dennoch nicht zu verzichten, denn seine Mutter versorgte ihn regelmäßig mit selbstgebackenen Keksen und Kuchen. Hemingway trieb sich unterdessen in verruchten Boxsälen herum, in denen Schlägereien und auch Mord keine Seltenheit waren. Trotz dieser stürmischen Erfahrungen sehnte er sich nach wahren Abenteuern. In Europa tobte ein grausamer Krieg, und der junge Draufgänger suchte andere Herausforderungen, als sie seine Arbeit als Lokalreporter ihm auf Dauer bieten konnte. So beendete er nach etwas mehr als einem halben Jahr 1918 vorläufig seine Journalistenlaufbahn.

In den Sturmfluten des Frühlings
Als Kriegsfreiwilliger nach Italien

Am 6. April 1917 traten die USA in den Ersten Weltkrieg ein. Hemingway, der wegen eines Sehfehlers nicht zum Kriegsdienst verpflichtet worden war, brannte darauf, am Kampfgeschehen in Europa teilzunehmen und sich als Mann zu beweisen. Von einem jungen Reporterkollegen beim *Kansas City Star*, Ted Brumback, erfuhr er, daß man sich auch bei eingeschränkter Tauglichkeit für Sanitäts- und Ambulanzfahrdienste melden konnte. Nachdem er den Widerstand seiner Familie überwunden hatte – sein Vater hielt ihn für zu jung, um am Krieg teilzunehmen –, meldete er sich als Freiwilliger beim Amerikanischen Roten Kreuz zum Einsatz in Europa. Er wurde in kürzester Zeit zum Krankentransportfahrer ausgebildet und über Bordeaux, Paris und Mailand als Leutnant zu einer Einheit nach Schio, im Norden Italiens, abkommandiert.

Ernest bekam zunächst die Aufgabe, mit einem Sanitätswagen ins Piavetal und in die Berge nördlich von Venedig zu den Notlazaretten zu fahren, um diese mit Nahrungsmitteln zu versorgen und Verletzte zu transportieren.

Auf einer dieser Fahrten muß er auch dem amerikanischen Schriftsteller John Dos Passos begegnet sein, der ebenfalls beim Amerikanischen Roten Kreuz, aber in einer anderen Einheit, stationiert war. Nach dem Krieg trafen sich Hemingway und Dos Passos in Paris wieder und wurden Freunde.

Die Krankentransporte brachten Hemingway nicht an die Kampflinie, obwohl er seiner «Feuertaufe» entgegenfieberte. Erst durch seine freiwillige Meldung zur Feldküche in den Schützengräben bei Fossalta di Piave kam er direkt an die Front. Im Juli 1918, knapp sechs Wochen nach Beginn seines Kriegseinsatzes, wurde er bei einem seiner Versorgungsgänge entlang der Schützengräben von einem explodierenden Granatwerfergeschoß ver

Ernest (mit Krücken) im Kreis von Mitpatienten und Freunden auf der Terrasse der Villa Manzoni, Quartier des American Red Cross Hospital in Mailand, 1918.

wundet. Obwohl selbst getroffen, versuchte er noch, einen italienischen Kameraden zu retten, indem er ihn schulterte und aus der Gefechtslinie trug. Für diesen heldenhaften Einsatz wurde er später mit der *Medaglia d'Argento di Valore Militare*, der zweithöchsten italienischen Tapferkeitsmedaille für «Brüderlichkeit und Selbstaufopferung», und dem *Croce di Guerra* ausgezeichnet.

In einem Feldlazarett bei Treviso entfernte man ihm in einer ersten Notoperation etliche der 227 Granatsplitter und auch eine Maschinengewehrkugel aus seinem rechten Bein. Hemingway wurde mit einem Sanitätszug nach Mailand transportiert und in einer Villa an der Via Manzoni untergebracht, die zum American Red Cross Hospital umfunktioniert worden war. Er traf dort als einer der ersten Patienten ein und unterlag der Obhut und uneingeschränkten Aufmerksamkeit von achtzehn Krankenschwestern, die zeitweise höchstens fünf Kranke zu versorgen hatten. In kurzer Zeit wurde der junge Mann mit seinem charmanten Lächeln der Liebling des Lazaretts.

Eine der Schwestern war die sechsundzwanzigjährige Amerikanerin Agnes von Kurowsky, in die sich Hemingway Hals über Kopf verliebte. Agnes, hübsch, lebhaft und gebildet, ließ sich nun häufiger zum Nachtdienst einteilen, denn sie erwiderte das heftige Flirten. Es scheint jedoch, daß Hemingway die tiefempfundeneren Gefühle in ihrer Beziehung hegte und ihm Agnes viel mehr bedeutete als eine jugendliche Schwärmerei.

Sobald er einigermaßen wiederhergestellt war, machte er mit Agnes ausgedehnte Ausflüge in die Umgebung Mailands. Sie besuchten die Sehenswürdigkeiten der Region, die Pferderennen in San Siro und erkundeten vor allem die Galerien, Restaurants und Cafés. Im *Cova* oder bei *Biffi*, den bekannten Cafés im Zentrum von Mailand, kehrten sie ein und tranken bei heißem Wetter gern «eine Art Bowle aus Capriwein und frischen Pfirsichen und Walderdbeeren in einem hohen gläsernen Krug mit Eis».[11] Am liebsten aber speisten sie im Restaurant *Gran Italia* oder im *Scala*. Hier entwickelte Hemingway eine Vorliebe für italienische Küche und lernte vor allem die Weine zu schätzen.

Agnes von Kurowsky, Krankenschwester und Pflegerin des verletzten Hemingways. Er verliebte sich heftig in die junge Amerikanerin.

In dem Roman *In einem andern Land*, in dem er seine Erlebnisse in Italien verarbeitet und der von seiner ersten großen Liebe inspiriert ist, läßt Hemingway die beiden Romanfiguren Frederic und Catherine die gemeinsamen Ausflüge, die er mit Agnes unternommen hatte, noch einmal erleben:

```
Später, als ich (Frederic Henry; Anm. d. Verf.) mich mit
Krücken fortbewegen konnte, gingen wir zum Abend-
essen zu Biffi oder ins Gran Italia und saßen
draußen an einem Tisch in der Galleria. Die
Kellner gingen rein und raus, und Menschen gingen
vorbei, und Lichter mit Schirmchen standen auf
den Tischtüchern, und nachdem wir sicher waren,
daß wir das Gran Italia am liebsten hatten,
reservierte uns George, der Oberkellner, einen
Tisch. Er war ein großartiger Kellner, und wir
überließen ihm, das Essen zu bestellen, während
wir uns die Leute betrachteten und die große Gal-
leria in der Dämmerung und einander. Wir tranken
herben weißen, eisgekühlten Capri, obschon wir
viele andere Weine kosteten, Fresa, Barbera und
die süßen weißen Weine.[12]
```

Bevor Frederic an die Front zurück muß, verbringen er und seine Geliebte Catherine eine letzte Nacht in einem Mailänder Hotel in der Nähe der Via Manzoni. Schlicht beschreibt Hemingway ein Liebesglück inmitten der Kriegswirren, das von einem vorzüglichen Essen gekrönt wird, während eine fast sinnliche Atmosphäre das Zimmer erfüllt:

```
Nachdem wir gegessen hatten, fühlten wir uns
großartig, und dann waren wir sehr glücklich, und
nach einer kurzen Zeit war das Zimmer unser eige-
nes Heim. Mein Zimmer im Lazarett war auch unser
Heim gewesen, und dies Zimmer war unser Heim im
gleichen Sinne.
     Während wir aßen, trug Catherine meine Uniform-
jacke um die Schultern. Wir waren sehr hungrig,
und das Essen war gut, und wir tranken eine Fla-
```

sche Capri und eine Flasche St. Estèphe. Ich trank das meiste, aber Catherine trank auch etwas, und sie fühlte sich großartig danach. Zum Essen gab es eine Schnepfe mit Kartoffelsoufflé und Maronenpüree und Salat und Zabaione als Nachtisch. „Es ist ein hübsches Zimmer", sagte Catherine. „Es ist ein herrliches Zimmer. Wir hätten die ganze Zeit, die wir in Mailand waren, hier zubringen sollen."[13]

Gebratene Waldschnepfen

Die küchenfertigen Schnepfen würzen und mit Speck umwickelt in 1 EL heißer Butter unter fleißigem Begießen 20 bis 30 Minuten im Schmortopf braten. Die Schnepfenleber im Bratensaft schmoren. Restliche Butter, ein paar Salbeiblätter, Wacholderbeeren und Speckstückchen zugeben. Die Weißbrotschnittchen in Butter anbraten und mit der Leberpastete bestreichen. Die gebratene Schnepfe mit Zitronenscheiben, Petersilie oder Kresse garnieren.

1–2 Schnepfen,
Salz,
Pfeffer,
50 g fetter Speck,
2 EL Butter,
Salbeiblätter,
Wacholderbeeren,
4–8 Scheiben Weißbrot,
etwas Leberpastete,
Zitronenscheiben,
Petersilie oder
Brunnenkresse

Polsterkartoffeln

Die Kartoffeln schälen, waschen, abtrocknen und längs in möglichst große, gleichmäßige, 3 mm dicke Scheiben schneiden. In kaltem Wasser nochmals gründlich waschen, abtropfen lassen und abtrocknen.

Das Fritierfett auf 180 Grad heizen und nur wenige Kartoffelscheiben mit dem Schaumlöffel hineinlegen, so daß sich das Öl

Mehligkochende
Kartoffeln,
Öl zum Ausbacken
(ersatzweise gehärtetes
Pflanzenfett),
Salz

nicht abkühlt. Die Scheiben mit dem Schaumlöffel so verteilen, daß sie nicht mehr aneinanderkleben. Bei guter, jedoch nicht zu hoher Temperatur 4–5 Minuten ausbacken, dabei die Scheiben ab und zu etwas bewegen – herausheben, abtropfen und abkühlen lassen. Dann das Fett wieder erhitzen (auf 190 Grad). Die Kartoffeln nochmals 1–2 Minuten fritieren, bis sie sich aufblähen. Abtropfen lassen, salzen.

Maronenpüree

250 g vakuumverpackte Maronen,
100 ml Gemüsebouillon,
1 EL Weißwein,
2–3 EL Sahne,
Salz

Maronen mit Gemüsebouillon und Weißwein aufkochen, mit der Flüssigkeit im Mixer pürieren. Mit der Sahne mischen, dann in den Topf zurückgeben. Die Masse unter Rühren so lange kochen, bis sie dicklich ist, würzen. Das Püree in kalt ausgespülte Förmchen füllen und auf die Teller stürzen oder mit 2 Löffeln dekorativ neben das Fleisch anrichten.

Tip: Die Maronen können auch durch ein Sieb passiert werden, die Sahne anschließend darunterrühren.

Friséesalat mit Kräuterdressing

1 großer Kopf Friséesalat,
1 kleine Gemüsegurke
Für das Dressing:
1 Bund gemischte Kräuter der Saison,
1 Knoblauchzehe,
2 hartgekochte Eigelb,
150 g saure Sahne,

Den Friséesalat putzen, den Strunk abschneiden, die Blätter waschen und trockenschleudern. Die Gemüsegurke schälen, halbieren, die Kerne herauslösen, die Hälften in dünne Scheiben schneiden. Für das Dressing die Kräuter abspülen, trockentupfen und nicht zu fein hacken. Die Knoblauchzehe schälen und hacken oder durch die Presse drücken. Die Eigelbe durch ein Sieb streichen, mit der sauren Sahne und dem Essig zu einer glatten Sauce verrühren und mit Salz, Pfeffer und Zucker abschmecken. Etwa zwei Drittel der Kräuter und den Knoblauch untermischen. Die Salatblätter in mundgerechte Stücke zupfen und mit den Gurken und dem Dressing in einer Schüssel mischen. Vor dem Servieren den Salat mit den zurückgelegten Gurkenscheiben garnieren und diese mit etwas Salz und den restlichen Kräutern bestreuen.

2 EL milder Kräuteressig,
Salz,
frisch gemahlener weißer Pfeffer,
1 Prise Zucker

Zabaione

Verrühren Sie die Eigelbe gründlich mit dem Zucker, und geben Sie dann unter Rühren den Wein hinzu. Lassen Sie die Masse unter ständigem Schlagen mit dem Schneebesen bei ganz leichter Hitze oder in einem Wasserbad dickschaumig werden. Füllen Sie die Weinschaumsauce in Gläser, oder reichen Sie die Sauce zu einer anderen Süßspeise.

4 Eigelb,
4 gehäufte EL Zucker,
150 ml Marsalawein

Als Hemingway nach drei Monaten aus dem Lazarett entlassen wurde, verbrachte er einen zweiwöchigen Genesungsurlaub am Lago Maggiore, wo er im *Gran Hotel Stresa* in Stresa wohnte. Auch Frederic und Catherine treffen sich in Stresa im *Gran Hotel des Iles Borromées* mit einer Freundin zum Essen:

```
Wir gingen hinunter, um mit Ferguson zu essen.
Sie war sehr beeindruckt von dem Hotel und der
Pracht des Speisesaals. Wir bekamen ein gutes
Lunch und tranken ein paar Flaschen weißen Capri
dazu. ... Das Hotel war sehr weitläufig und
großartig und leer, aber das Essen war gut, der
Wein sehr angenehm, und schließlich brachte uns
der Wein alle in Stimmung.[14]
```

Nach dem Erholungsurlaub meldete sich Hemingway bei der italienischen Infanterie, erkrankte aber sofort an Hepatitis und wurde erneut im Ospedale Croce Rosso Americana aufgenommen. Für Hemingway war damit der Krieg zu Ende. Bis zur Unterzeichnung des Waffenstillstands zwischen Italien und Österreich am 18. November 1918 vergingen nur noch wenige Wochen.

In einem andern Land
Eine Heimkehr in die Fremde

Anfang 1919 kehrte Hemingway nach Oak Park zurück, um sich im Kreis seiner Familie zu erholen. Seine Verwundung und seine Auszeichnung machten ihn zum «Kriegshelden», der auf Schulveranstaltungen herumgereicht und zu Vorträgen eingeladen wurde. Bei ihrem Abschied hatte Agnes ihm ein vages Heiratsversprechen gegeben, verliebte sich aber bereits nach zwei Monaten in einen italienischen Offizier. Tief verletzt und mit dem Gefühl, seine große Liebe verloren zu haben, zog Hemingway sich auf ausgedehnte Angeltouren, allein und mit Freunden (u. a. auch mit Katy Smith, die später John Dos Passos heiratete), in die Wälder am Lake Walloon zurück. Er schrieb Kurzgeschichten und bot sie Zeitungen und Verlagen zur Veröffentlichung an, jedoch ohne größeren Erfolg.

In der Kurzgeschichte *Großer Doppelherziger Strom* wird die friedliche Atmosphäre der wunderschönen Landschaft Michigans geschildert. Die Hauptfigur Nick Adams, Hemingways Alter ego, bereitet sich während eines Angelausflugs genüßlich sein Essen zu.

Nick hatte Hunger. Er glaubte nicht, daß er je hungriger gewesen war. Er öffnete und leerte eine Büchse Schweinefleisch mit Bohnen und eine Büchse Spaghetti in die Bratpfanne. ... Er machte ein Feuer mit ein paar Scheiten Fichtenholz, die er mit der Axt von einem Baumstumpf abschlug. Über das Feuer stellte er einen Drahtrost und drückte die vier Füße mit seinem Stiefel fest in den Boden. Nick setzte die Bratpfanne auf den Rost über die Flamme. Er war jetzt noch hungriger. Die Bohnen und Spaghetti wurden warm. Nick rührte sie um und mischte sie durcheinander. Sie fingen an zu schmurgeln und machten kleine Blasen, die nur

langsam an die Oberfläche stiegen. Es roch gut.
Nick holte eine Flasche Tomatencatchup heraus und
schnitt vier Scheiben Brot. Die kleinen Blasen
kamen jetzt schneller. Nick setzte sich neben das
Feuer und nahm die Bratpfanne ab. Er goß ungefähr
die Hälfte des Inhalts auf einen Blechteller. Es
breitete sich langsam auf dem Teller aus. Nick
wußte, es war zu heiß. Er goß etwas Tomatencatchup
darüber. Er wußte, die Bohnen und die Spaghetti
waren noch zu heiß. Er blickte auf das Feuer, dann
auf das Zelt; er würde sich nicht dadurch, daß er
sich die Zunge verbrannte, alles verderben. Seit
Jahren hatte er keine gebackenen Bananen mit Genuß
essen können, weil er nie abwarten konnte, bis sie
abgekühlt waren. Seine Zunge war sehr empfindlich. ... „Herrgott", sagte Nick. „Hergott-
sakra!" sagte er glücklich.
  Er leerte den ganzen Teller, bevor er an das
Brot dachte. Nick aß den zweiten Teller voll mit
Brot und wischte den Teller blank.[15]

Nick öffnet zwar nur Konservendosen, doch ist sein Hunger nach einer Wanderung durch die Wildnis so groß, daß dieses schlichte Gericht zu einem Festmahl wird. Durch die schwelgende Sprache der alle Sinne ansprechenden Schilderung steigt dem Leser förmlich der Essensduft in die Nase, und gemeinsam mit Nick Adams läuft einem das Wasser im Munde zusammen.

  Hemingway ernährte sich bei seinen Ausflügen nicht nur aus Konserven. In einer Reportage vom Juni 1920 über das *Zelten in freier Natur* beschreibt er ein Rezept für Forellen und gibt Tips, um sie über offenem Feuer knusprig zu braten:

Der Anfänger setzt eine Pfanne mit Forellen und
Speck auf ein hell loderndes Feuer, und der Speck
kräuselt sich und verdorrt zu einem trockenen,
geschmacklosen Stück Kohle, während der Fisch
außen verbrennt und innen roh bleibt. ... Am
besten kocht man über Kohlen. Packen Sie mehrere
Büchsen Crisco oder Cotosuet oder irgendwelche
pflanzliche Fette ein; die sind genauso gut wie

Mit Freunden soll Hemingway im Sommer 1919 einmal in einer Woche zweihundert Forellen aus dem Lake Superior in Michigan gefischt haben.

Schweineschmalz und eignen sich ganz ausgezeichnet zum Garen aller möglichen Dinge. Zuerst kommt der Speck hinein, und wenn er etwa halb durch ist, legen Sie die Forellen, in Maismehl paniert, in das heiße Fett. Dann wird der Speck auf die

Fische gelegt, damit sie beim Garen gut mit Fett versorgt sind. Gleichzeitig können Sie Kaffee kochen und in einer kleineren Pfanne Pfannkuchen braten, mit denen die anderen Zelter beim Warten auf die Forellen den ersten Hunger stillen können.

Für den Pfannkuchenteig nehmen Sie eine Tasse fertiges Pfannkuchenmehl und eine Tasse Wasser. Rühren Sie beides zusammen, und wenn keine Klumpen mehr drin sind, können Sie mit dem Braten anfangen. Die Pfanne muß heiß und immer gut eingefettet sein. Schöpfen Sie den Teig hinein, und wenn er auf einer Seite fertig ist, lösen Sie ihn vom Pfannenboden und drehen ihn um. Pfannkuchen schmecken sehr gut mit Apfelmus, Sirup oder Zimt und Zucker.

Während die Leute sich erst einmal mit Pfannkuchen gesättigt haben, sind die Forellen gar geworden und können nun mit dem Speck serviert werden. Die Fische sind außen knusprig und innen fest und rosa, und der Speck ist gut durchgebraten - aber nicht zu sehr. Sollte es irgend etwas geben, das noch besser schmeckt als diese Zusammenstellung, so muß der Verfasser, der sein Leben größtenteils und mit Fleiß dem Essen widmet, es erst noch kennenlernen.[16]

Mit Freunden soll Hemingway im Sommer 1919 einmal in einer Woche zweihundert Forellen aus dem Lake Superior in Michigan gefischt haben.[17]

Seine Kriegserfahrungen in Europa und die Zurückweisung seiner Liebe mußte der junge Mann zunächst verarbeiten und mied das Großstadtleben. Seine Vorliebe für deftiges Essen, möglichst selbstgefangen und wildromantisch zubereitet, wird erst später durch Besuche in den besten Restaurants Europas abgelöst. Doch auch hier, in seinen frühen Reportagen und Erzählungen, überwiegt der Genuß am Essen; die Zubereitung der Speisen vermittelt fast ebensoviel Attraktivität wir ihr endgültiger Verzehr.

Forelle in Speck

Forellen innen und außen waschen und trockentupfen, mit Salz, Pfeffer und Zitronensaft würzen und rundherum im Maismehl wenden. In einer ofenfesten Pfanne das Butterschmalz erhitzen, die Speckscheiben darin kurz braten, herausnehmen. Forellen im Speckfett von beiden Seiten anbraten, ebenfalls herausnehmen. Die Hälfte der Speckscheiben wieder in die Pfanne geben, die Forellen darauf legen und mit dem übrigen Speck bedecken. Im heißen Ofen bei 180° etwa 30 Minuten garen.

4 küchenfertige Forellen (je etwa 350 g),
Salz,
weißer Pfeffer,
1 EL Zitronensaft,
50 g Maismehl,
1 EL Butterschmalz,
100 g Bacon (Frühstücksspeck in dünnen Scheiben)

Buchweizenpfannkuchen

Die Butter zerlassen und wieder abkühlen lassen. Ei mit Buttermilch gründlich schaumig schlagen, flüssige Butter kräftig unterrühren. Beide Mehlsorten mit Backpulver, Salz und Zucker mischen und unter die Buttermilchmasse mischen. In einer beschichteten Pfanne Butterschmalz erhitzen. Vom Teig kleine Küchlein hineinsetzen und pro Seite in 1–2 Minuten goldbraun braten. Die Pfannkuchen schmecken mit Ahornsirup, Zimtzucker oder mit Apfelmus besonders gut.

1 gehäufter EL Butter,
1 Ei,
⅛ l Buttermilch,
60 g Mehl,
80 g Buchweizenmehl,
1 TL Backpulver,
je 1 Prise Salz und Zucker,
2 EL Butterschmalz

Auf Dauer konnte Hemingway nicht in die Wildnis entfliehen. Seine Familie drängte ihn, sich Arbeit zu suchen oder aufs College zu gehen. Obwohl die Kurzgeschichten jener Zeit unveröffentlicht zurückgesandt wurden, stand sein Entschluß, Schriftsteller zu werden, bereits unumstößlich fest. Er schrieb, hielt sich mit Gelegenheitsjobs über Wasser und wartete auf einen Zufall, der seinem Leben eine neue Richtung geben würde.

Tatsächlich trat dieser Zufall ein. Eine wohlhabende Kanadierin hörte einen seiner Vorträge, die er als Kriegsveteran vor der *Ladies Aid Society* gehalten hatte, und bot dem angehenden Schriftsteller, der so plastisch von seinen Kriegserfahrungen berichten konnte, an, ihren leicht gehbehinderten Sohn zu betreuen.

Sein erster Job nach dem Krieg führte Hemingway alsdann im Januar 1920 nach Toronto in Kanada, in das Haus der Familie Connable. Neben seiner Arbeit als «Betreuer» des Sohnes konnte er hier seinen literarischen Ambitionen nachgehen und begann durch Vermittlung der Connables, für den *Star Weekly*, die Samstagsausgabe des *Toronto Star*, zu schreiben. Bei seinen Streifzügen durch die Stadt und ihre Restaurants, Cafés und Bars machte er Bekanntschaft mit ausgefallenen kanadischen Spezialitäten und lernte diese ebenso zu schätzen wie die selbstgefangenen Forellen in Michigan:

```
Bisamratten sind ebenfalls lecker, wie jeder In-
dianer Ihnen bestätigen kann. Das Fleisch ist so
zart wie Huhn. Wenn Sie Bisamratte oder Stachel-
schwein zum Essen zubereiten, müssen Sie beim
Häuten unbedingt die kleinen Duftdrüsen an der
Innenseite der Vorderbeine entfernen.
   Eine weitere rein kanadische Delikatesse ist der
Biberschwanz. Er ist immer schwerer zu bekommen.
Ich habe ihn nur einmal gegessen. Und da war er
von einem sehr guten Koch zubereitet und erschien
mir als das Beste, in das ich je meine Zähne ge-
senkt hatte.
   Hirschleber, mit Hinterschinken gebraten, ist
eine weitere wunderbare Speise, die man in Kanada
eher bekommen kann als irgendwo anders. Sie wis-
sen gar nicht, was Wildgeschmack bedeutet, wenn
Sie noch nie frische Hirschleber gegessen haben,
die zusammen mit einem guten Hinterschinken, der
in der Pfanne geröstet, über einem Holzfeuer ge-
braten wurde.[18]
```

Die Atmosphäre und ein stilvolles Ambiente gewannen auch für den jungen Hemingway immer mehr an Bedeutung. Da es sein Budget nicht anders erlaubte, ging er bei der Wahl der kulinarischen Lokalitäten preisbewußt vor. Obwohl er die kanadischen Delikatessen lieben lernte, erfüllten die Restaurants oft nicht mehr die Ansprüche des zukünftigen Gourmets.

```
Die Restaurants in Toronto sind mir alle viel zu
uniform. Gewiß, es gibt etwas zu essen, aber mehr
läßt sich dazu kaum sagen. Andererseits gibt es
in vielen Hotels von Toronto eine gute Küche und
ausgezeichnetes Essen. Besonders sonntags. In
Toronto gibt es gute Cafeterias. Die Preisunter-
schiede in den verschiedenen Cafeterias sind er-
staunlich. In der einen bekommt man kein Gericht
unter 75 oder 85 Cent; und in einer anderen, ge-
nauso zentral gelegenen Cafeteria kostet das
gleiche Essen nur 40 oder 45 Cent.
   Auch in Toronto kann man beim Essen Abenteuer
erleben. Aber dazu muß man schon nach Ward[19] ge-
hen.[20]
```

Bei einem späteren Besuch der Stadt fiel Hemingways Urteil gegenüber der kanadischen Küche milder aus. In einem Brief an Gertrude Stein und Alice B. Toklas aus dem Jahre 1923 schrieb er: «Entgegen meiner Erinnerung ist die cuisine hier gut. Wie sie hier junge oder ziemlich junge Hühnchen zubereiten, ist hervorragend. Ich habe auch ein paar gute chinesische Lokale entdeckt.»[21]

Aus Toronto zog es Hemingway häufig nach Chicago, dessen Bars, Clubs und Boxsäle eine große Faszination auf ihn ausübten. In seinen Artikeln und Reportagen vermittelte er den Lesern des *Toronto Star* und später der *Chicago Tribune* die harte, männliche Realität dieser Halbwelt, aus der er detailliert berichtete.

Bald begann er, für ein literarisches Monatsmagazin, den *Cooperative Commonwealth*, zu arbeiten. Diese Tätigkeit und seine Bekanntschaft mit Yeremya (Y. K.) Smith, dem Bruder seiner alten Freunde Bill und Katy, mit dem er eine Wohnung teilte, führte ihn mit den Literaten- und Künstlerkreisen Chicagos zusammen. Er lernte den Schriftsteller Sherwood Anderson kennen, der Hemingways Talent erkannte, ihn förderte und ihm Kontakte vermittelte, die seinen Werdegang entscheidend beeinflussen sollten. Hemingway seinerseits bewunderte den Stil Andersons und fühlte sich durch dessen Lob bestärkt und mit neuem Selbstvertrauen erfüllt.

Ebenfalls in Chicago und ebenfalls bei Y. K. Smith traf Hemingway seine spätere Frau, die rothaarige Elizabeth Hadley Richardson aus St. Louis. Hadley oder Hash, wie ihre Freunde sie nannten, wirkte zwar nach außen hin zurückhaltend, teilte aber seine unkonventionellen Ansichten, konnte mit seinen Trinkgewohnheiten mithalten und unterstützte seine schriftstellerische Arbeit. Sie war von Hemingways Ausstrahlung und Umgangsformen beeindruckt; ebensosehr schätzte sie seine Redegewandtheit und seine Intelligenz. Ein Jahr lang sahen sich die beiden regelmäßig in Chicago und hatten einen regen Briefwechsel.

Sie wohnten bereits in Chicago zusammen, als sie am 3. September 1921 in Horton Bay, einem kleinen Ort unweit des Lake Walloon, heirateten. Hochzeitsfeier und -essen fanden im gutbürgerlichen Restaurant von Liz und Jim Dilworth statt, Freunden der Familie Hemingway. Für die etwa hundert geladenen Gäste hatte Ernest ein schlichtes Hochzeitsmahl aus gegrilltem Hähnchen bestellt. Anschließend ruderten die Frischvermählten über den Lake Walloon nach *Windemere*, wo sie ihre Flitterwochen umgeben von den so sehr geliebten Wäldern verbrachten.

Ihre Zukunftspläne dagegen sollten sie in die europäische Metropole Paris führen, wo Ernest Hemingway sich als Korrespondent für den *Toronto Star* akkreditieren ließ. Er wurde dort zu einem der wichtigsten Beobachter und Kommentatoren des Paris der zwanziger Jahre.

Das *Café de Flore* am Boulevard Saint-Germain
im sechsten Arrondissement von Paris.

Paris – ein Fest fürs Leben
Ein Amerikaner entdeckt die Küche der Alten Welt

Das Paris der zwanziger Jahre bildete die Bühne der internationalen künstlerischen Avantgarde. Hier trafen sich Individualisten und Freidenker, Maler, Literaten und Trendsetter verschiedenster Lebensbereiche, um sich in einer nahezu tabufreien Zone zu verwirklichen und miteinander auszutauschen. Auch was den Journalismus betraf, war Paris weniger engstirnig und verlogen als z. B. das puritanische Amerika mit seinen viktorianischen Klischees und Vorurteilen. Englischsprachige Literaturzeitschriften wie *The Little Review* oder *Poetry* publizierten die Werke der Exilanten, die von Paris aus wieder ihren Weg in die Herkunftsländer fanden.

Das jungvermählte Paar schiffte sich auf dem Passagierdampfer *Leopoldina* ein: Bald vertrieb sich Ernest die Zeit an Bord als Sparring-Partner im Boxring, während Hadley als gute Pianistin sehr gefragt war.

Am 22. Dezember 1921 trafen sie in Paris ein, wo sie zunächst im *Hotel Jacob et d'Angleterre* Quartier bezogen. Das Hotel existiert bis heute als *Hotel d'Angleterre* in der Rue Jacob. Dank Hadleys unabhängigem Treuhandvermögen und den starken Dollarkursen war das junge Paar nicht nur auf Ernests Einkommen angewiesen und konnte Paris daher uneingeschränkt genießen. Vom Charme, von der Eleganz und der Pracht der großen Boulevards, aber auch von den kleinen verwinkelten Gassen und Treppen auf dem Montmartre waren Ernest und Hadley bald fasziniert. An Weihnachten 1921 schrieb Hemingway in einem Brief an das Ehepaar Anderson von ihren ersten Restauranterfahrungen: «Das *Jacob* ist sauber und billig. Wir essen regelmäßig in dem Restaurant am Pré-aux-Clercs an der Ecke Rue Bonaparte und Rue Jacob.»[22] In diesem Brief ist das gleichnamige Restaurant *Pré-aux-Clercs* gemeint, das sich in unmittelbarer Nähe des Hotels *Jacob et d'Angleterre* befand. In seiner Reportage *Paris für 1000 Dollar im Jahr* führte er weiter aus:

Hôtel d'Angleterre
ST. GERMAIN-DES-PRÉS
PARIS

```
Das Frühstück kostet für uns beide zweieinhalb
Franc. Macht 75 Franc im Monat oder 6 Dollar und
drei oder vier Cent. An der Ecke Rue Bonaparte
und Rue Jacob gibt es ein vorzügliches Restaurant
mit Preisen à la carte. Suppe kostet 60 Centimes,
Fisch 1,20 Franc. Hauptgerichte sind Roastbeef,
Kalbschnitzel, Lamm, Hammel oder dicke Steaks:
dazu jeweils Kartoffeln, wie nur Franzosen sie
zubereiten können. Ein solches Gericht kostet
2,40 Franc. Die Preise von Rosenkohl in Butter,
Rahmspinat, Bohnen, sehr feinen Erbsen und Blu-
menkohl bewegen sich zwischen 40 und 85 Centimes.
Salat kostet 60 Centimes, Nachtisch 75 Centimes,
manchmal auch 1 Franc. Eine Flasche Rotwein
kostet 60 Centimes, ein Glas Bier 40 Centimes.
```

Meine Frau und ich bekommen dort für 50 Cents
pro Person ein ausgezeichnetes Essen, das sich,
was die Qualität der Küche und der Zutaten
betrifft, mit den besten Restaurants in Amerika
messen kann.[23]

Versehen mit Empfehlungsschreiben und Ratschlägen von Sherwood Anderson, der selbst einige Zeit in Paris verbracht hatte, bekam Hemingway schnell Kontakt zu den Intellektuellenzirkeln des rive gauche. Ernest und Hadley wurden Teil der englischsprachigen Literatenkolonie, die damals in Paris siedelte und unter denen sich so illustre Persönlichkeiten wie Gertrude Stein, Ezra Pound, Lewis Galantière und James Joyce befanden.

Galantière half den Hemingways, eine Wohnung in der Rue du Cardinal Lemoine zu finden, und führte sie in das exklusive Restaurant *Michaud*, an der Ecke der Rue des Saints-Pères und der Rue Jacob. Hemingway leistete sich den Luxus, dort einmal in der Woche zu essen. Das *Michaud* spielt auch in *Paris – ein Fest fürs Leben*, das Hemingway als Tatsachenbericht bezeichnete, eine wichtige Rolle. Dort kehrten er und Hadley nach langen Spaziergängen ein:

„Wir wollen in ein wunderbares Lokal gehen und
ein wirklich grandioses Mahl essen."
„Wo?"
„Bei *Michaud*?"
„Ausgezeichnet, und es ist so schön nah."
Also gingen wir in die Rue des Saints-Pères
hinauf bis zur Ecke der Rue Jacob, blieben hin
und wieder stehen und blickten in die Schaufenster auf Bilder und Möbel. Wir standen vor
Michauds Restaurant und lasen die ausgehängte
Speisekarte. *Michaud* war überfüllt, und wir warteten darauf, daß Leute herauskamen, und beobachteten die Tische, an denen Leute bereits ihren
Kaffee tranken.
Wir waren vom Gehen wieder hungrig, und *Michaud*
war für uns ein aufregendes und ein teures
Restaurant.[24]

Die Wohnung von Gertrude Stein und Alice B. Toklas in der Rue de Fleurus war in den zwanziger Jahren der bekannteste Treffpunkt der in Paris lebenden amerikanischen und englischen Schriftsteller. Berühmte zeitgenössische Autoren und Journalisten wie Janet Flanner, Francis Scott Fitzgerald, Ford Madox Ford und Djuna Barnes, aber auch Maler wie Pablo Picasso und Henri Matisse gingen dort ein und aus. Ernest besuchte den Salon Gertrudes häufig, denn er hatte vor den schriftstellerischen Leistungen der großen Stilistin und Sprachästhetin Hochachtung. Sie ging seine Texte kritisch mit ihm durch und hatte oft gute Ratschläge für sein Bemühen, ohne Attitüde über reale Erfahrungen, Gefühle und Gedanken zu schreiben.

Ein weiterer Schriftstellertreff war die Buchhandlung *Shakespeare & Company* in der Rue de l'Odéon, die von der Amerikanerin Sylvia Beach gegründet worden war. Dort konnte man Bücher sowohl kaufen als auch ausleihen. Hemingway freundete sich mit Sylvia Beach an und machte von den Leihmöglichkeiten regen Gebrauch, da seine finanziellen Mittel nicht ausreichten, um die vielen Bücher, die Hadley und er lasen, zu kaufen. Bei *Shakespeare & Company* lernte er unter anderem Ford Madox Ford und James Joyce kennen. Später unterstützte Hemingway Joyce bei der Veröffentlichung und Verbreitung seines Buches *Ulysses*, das in den USA verboten wurde,

indem er dafür sorgte, daß Manuskriptkopien von Kanada aus über die Grenze gelangten und unterderhand vertrieben wurden.

Viele Bohemiens verbrachten ihr Künstler- und Literatendasein ausschließlich in den Pariser Cafés, die bald als literarische Cafés Bekanntheit erlangten. Hierzu zählten u. a. das *Café de Flore*, das *Café du Dôme* und das Café *Les Deux Magots*, die Brasserie *Lipp*, *Le Select*, das *Prunier*, das *Polidor* und das *Café François Coppée*, *La Rotonde*, das *Café de la Mairie* und das *Café de la Paix*, *La Coupole* und das Café *La Closerie des Lilas* sowie das *Café des Amateurs*, das *Falstaff*, die *Dingo-Bar* und *Le Jockey*, die heute allerdings nicht mehr existieren. Die Cafés *Les Deux Magots* und *Le Flore* am Place bzw. am Boulevard Saint-Germain servieren heute noch sehr exklusive Vorspeisen.

Neben Schriftstellern und Malern lernte Hemingway in Paris auch den Journalisten und Verleger William Bird, genannt Bill, kennen, mit dem er später seine erste Reise nach Spanien unternahm und der eines seiner ersten Bücher publizierte.

Obwohl Ernest und Hadley jung und unkompliziert waren, legten sie in einigen Bereichen Wert auf einen gehobenen Lebensstil. Sie verzichteten zwar auf eine teure, komfortable Wohnung und lebten in zwei kleinen und unbeheizten Zimmern, einer der Gründe, häufig in warme gemütliche Cafés zu flüchten. Zeitweise gönnten sie sich jedoch eine Haushälterin, Marie Cocotte, die Ernest und Hadley viele Gerichte zubereitete, die sie in Restaurants probiert oder von denen sie nur gehört hatten. Marie stellte dem jungen Ehepaar wunderbare Menüs zusammen, die ihnen immer neue Gaumenfreuden verschafften.

Häufig besuchten Ernest und Hadley die Pariser Pferderennen, um zu wetten. Hatten sie richtig gesetzt, feierten sie ihren Gewinn mit ein paar Gläsern Champagner oder einem Essen bei *Prunier*. In *Paris – ein Fest fürs Leben* schreibt Hemingway dazu:

```
An einem anderen Tag, später in jenem Jahr, als
wir von einer unserer Reisen zurückgekommen wa-
ren, hatten wir wieder Glück auf einer Rennbahn
und gingen auf dem Heimweg zu Prunier hinein und
setzten uns an die Bar, nachdem wir uns draußen
im Fenster all die deutlich mit Preisen verse-
nen Herrlichkeiten angesehen hatten. Wir aßen
Austern und crabe mexicaine und tranken Sancerre
dazu.[25]
```

Crabe mexicaine
(Taschenkrebse auf mexikanische Art)

4 gegarte Taschenkrebse,
1 Zwiebel,
je ½ rote und grüne Paprikaschote,
2 EL Butter,

Taschenkrebse so aufbrechen, daß die obere Seite intakt bleibt und später gefüllt werden kann. Fleisch aus den Taschenkrebsen lösen und würfeln. Zwiebel schälen und fein hacken. Paprika waschen, putzen und sehr klein würfeln. 1 EL Butter erhitzen, Zwiebel und Paprika darin unter Rühren bei mittlerer Hitze 10 Minuten dünsten. Mit Krebsfleisch, Senf und Worcester mischen.

Knoblauch schälen und dazupressen. Mischung salzen und pfeffern. Übrige Butter zerlassen, Mehl darin anschwitzen. Mit der Milch aufgießen, gut verrühren und 10 Minuten bei schwacher Hitze köcheln lassen. Sauce vom Herd nehmen, Käse und Eigelb unterrühren, Sauce mit Salz und Pfeffer abschmecken. Krebsfleischmischung in die Krebsschalen füllen und mit der Sauce bedecken. Im heißen Ofen bei 220° etwa 15 Minuten backen, bis die Füllung leicht gebräunt ist.

Tip: Wer die Taschenkrebse selbst kochen will, kauft sie lebend und muß sie nacheinander jeweils im reichlich sprudelnd kochenden Wasser töten. Dann in weiteren 7–8 Minuten gar kochen.

1 EL scharfer Senf,
2 EL Worcestersauce,
2 Knoblauchzehen,
Salz,
weißer Pfeffer,
½ EL Mehl,
¼ l Milch,
50 g frisch geriebener Gruyère,
1 Eigelb

Austernkunde

(Austern *marennes* Austern *portugaises*)

Feinschmeckerherzen schlagen höher, wenn der Genuß von Austern in Aussicht steht. Und wer ganz feine Unterschiede macht, kennt auch die verschiedenen Austernarten. Grob unterschieden werden die flache Rundauster, die auch Europäische Auster genannt wird, und die bauchige Felsenauster, die man auch Portugiesische Auster nennt. Besonders begehrt sind Europäische Austern, die meist nach ihrer Herkunft unterschieden werden. *Marennes* oder *Fines de Claires* kommen aus Frankreich und werden bei der Zucht besonders raffiniert gemästet. Die berühmten Austern aus dem französischen Marennes schmecken fein nach Nüssen und haben eine zarte grüne Farbe, da sie mit einer speziellen Algenart gefüttert werden. *Portugaises* kommen zwar ebenfalls in vielen Gegenden Europas vor, unter anderem auch in der Bretagne, schmecken aber nicht ganz so edel.

Austern kauft man lebend und ißt sie meist auch ungegart. Beim Kauf müssen die Austern fest geschlossen sein. Zum Essen dann die Schale mit einem speziellen Austernmesser aufbrechen, die obere Schale ablösen. Die Auster mit dem Meerwasser, das sich in der Schale befindet, schlürfen. Wer mag, kann vorher noch etwas Zitronensaft auf die Auster träufeln.

Hemingway besuchte auch weiterhin Boxveranstaltungen und schloß dort Wetten ab. Er war selbst ein leidenschaftlicher Amateurboxer und nutzte während seiner gesamten Pariser Zeit die Gelegenheit, wann immer es sich ergab, seinen Literatenfreunden Unterricht zu erteilen und ein paar Runden zu kämpfen. Im Restaurant *Stade Anastasia*, dem Boxertreff von Paris, fand er seine Partner und besserte mit den abgeschlossenen Wetten die Haushaltskasse etwas auf.

War die finanzielle Situation angespannt, verzichteten die Hemingways auf Restaurantbesuche und auf die Dienste von Marie und bereiteten sich selbst zu Hause herzhafte Mahlzeiten zu:

„Laß uns die Rue de Seine runterschlendern und in all die Galerien und Schaufenster reingucken."
„Gewiß, wir können überall herumschlendern, und wir können bei irgendeinem neuen Café haltmachen, wo wir keinen kennen und keiner uns kennt, und dort einen trinken."
„Wir können zwei trinken."
„Und dann können wir irgendwo essen."
„Nein, vergiß nicht, wir müssen die Leihbibliothek bezahlen."
„Dann gehen wir nach Hause und essen hier, und zwar ein wunderbares Mahl, und trinken Beaune aus dem Konsum, den man direkt vom Fenster aus sehen kann, wo der Preis von dem Beaune auf der Scheibe steht. Danach wollen wir lesen, und dann gehen wir ins Bett und geben uns der Liebe hin."
„Und wir werden niemals jemand anders liebhaben als uns."
„Nein. Niemals."
„Was für ein wunderbarer Nachmittag und Abend. Aber jetzt wollen wir lieber Mittag essen."
„Ich bin sehr hungrig", sagte ich. „Ich habe im Café nur bei einem *café crème* gearbeitet."
„Wie ging es denn, Tatie?"
„Ich glaube recht gut. Hoffentlich. Was gibt's denn zum Essen?"
„Junge Radieschen und gute *foie de veau* mit Kartoffelpüree und Endiviensalat. Apfelkuchen."[26]

Junge Radieschen, Baguette mit gesalzener Butter

Als leichte Vorspeise zarte Radieschen frisch auf dem Markt einkaufen. Dazu gewärmtes Baguette mit etwas gesalzener Butter reichen.

Foie de veau
(Gebratene Kalbsleber)

Die Hälfte der Butter erhitzen, die Zwiebelringe darin bei mittlerer Hitze in etwa 10 Minuten bräunen. Inzwischen den Apfel schälen, vierteln und in Scheiben schneiden. Kurz mitbraten. Restliche Butter in einer Pfanne aufschäumen, Leberscheiben in Mehl wenden und auf jeder Seite 2–3 Minuten braten, leicht salzen und pfeffern. Sofort mit den gebräunten Zwiebelringen und Apfelscheiben sowie der Petersilie servieren.

70 g Butter,
250 g Zwiebeln, in dünne Scheiben geschnitten,
1 Apfel,
2 dünne Scheiben Kalbsleber à 150 g,
Mehl zum Wenden,
Salz,
frisch gemahlener Pfeffer,
3 EL gehackte Petersilie

Kartoffelpüree

Kartoffeln schälen, in Stücke schneiden, zugedeckt in Salzwasser kochen und abschütten. Im Topf Milch aufkochen lassen, Butter dazu. Wenn sie geschmolzen ist, Kartoffeln hineinpressen, mit Salz und Muskat würzen, rühren, bis das Püree cremig ist.

1 kg mehligkochende Kartoffeln,
Salz,
¼ Liter Milch,
30 g Butter
frisch geriebene Muskatnuß

Endiviensalat

1 kleinerer Endiviensalat,
2 EL Weinessig,
1 EL Kräutersenf,
Pfeffer,
Salz,
4 EL Öl,
1 Scheibe Weißbrot,
1 TL Butter,
1 Knoblauchzehe

Salat säubern, waschen, trockenschleudern und in Streifen schneiden. Essig, Senf, Pfeffer und Salz mit Öl mischen und unter den Salat heben. Das entrindete Brot mit der Butter und dem zerdrückten Knoblauch bestreichen, in Würfel schneiden und in einer heißen Pfanne goldgelb ausbraten. Den Salat mit den Brotwürfeln bestreuen und sofort servieren.

Pariser Apfeltorte

300 g TK-Blätterteig,
6–8 Äpfel,
50 g Margarine,
120 g Zucker,
1 Päckchen Vanillezucker,
1 Prise Zimtpulver

Blätterteigplatten auftauen lassen. Äpfel schälen, in Schnitzchen schneiden. Margarine auf eine runde Tarteform (24–26 cm) verteilen. Zucker, Vanillezucker und etwas Zimt darüberstreuen, Äpfel sorgfältig darauf verteilen. Blätterteig 3 mm dick ausrollen, auf die Äpfel legen, Rand 2 cm über das Blech hinausragen lassen, leicht andrücken und mit einer Gabel einstechen. Torte im heißen Ofen bei 200° 45–60 Minuten backen. Nach dem Backen die Torte stürzen, erkalten lassen. Nach Belieben mit Schlagsahne garniert servieren.

Tip: Pariser Apfeltorte kann mehrere Stunden vor dem Servieren gebacken werden.

Die Wahl der Bistros, Restaurants und Cafés, die Hemingway aufzusuchen pflegte, war nicht nur abhängig von der Tageszeit, sondern auch vom Zweck seiner Besuche. Wie viele Pariser frühstückte Hemingway bereits im Café. In anderen aß oder trank er etwas, traf sich mit Freunden und Kollegen, um sich zu vergnügen oder zu informieren, und er schrieb dort seine Geschichten und Berichte.

Der Journalist Hemingway machte vielbesuchte Cafés wie das *Café du Dôme* oder das *Rotonde* zu seinen Hauptarbeitsplätzen. Auf der Suche nach interessanten Themen für seine Artikel, pflegte er dort seine Kontakte zu anderen Journalisten, um Neuigkeiten, sensationelle Nachrichten oder auch Gerüchte auszutauschen. Als Autor bevorzugte Hemingway eher ruhigere, von seinen Kollegen und Bekannten weniger frequentierte Orte, wie z. B. das *Closerie des Lilas*, wo er gern Kurzgeschichten schrieb.

Schon im Januar 1922 beendete er in einem Café auf der Place Saint-Michel die Kurzgeschichte *Oben in Michigan*. In *Paris – ein Fest fürs Leben* beschreibt Hemingway die Gefühle eines Autors, der ein Werk vollendet hat:

```
Ich machte mein Notizbuch mit der Story darin zu
und steckte es in meine Innentasche, und ich
bestellte mir bei dem Kellner ein Dutzend portu-
gaises und eine halbe Karaffe von dem herben
Weißwein, den sie hier hatten. Wenn ich eine Ge-
schichte geschrieben hatte, war ich immer leer
und beides, traurig und glücklich, wie nach einer
Liebesnacht, und ich war sicher, daß es eine sehr
gute Geschichte war, obgleich ich nicht genau
wußte wie gut, ehe ich sie am nächsten Tag durch-
gelesen hatte.
  Während ich die Austern aß mit ihrem starken
Meergeschmack und ihrem leicht metallischen Ge-
schmack, den der kalte Weißwein wegspülte, so daß
nur der Meergeschmack und ihre saftige Konsistenz
blieben, und als ich die kalte Flüssigkeit aus
jeder Muschel trank und sie mit dem frischen Ge-
```

```
schmack des Weins hinunterspülte, verlor ich das
leere Gefühl und fing an, glücklich zu sein und
Pläne zu machen.²⁷
```

Nachmittags hielt sich Hemingway besonders gern im *Café du Dôme* oder im *La Rotonde*, beide am Boulevard du Montparnasse gelegen, auf. In seinem satirischen Roman *Die Sturmfluten des Frühlings* baute er einen Kommentar für seine Leser ein, indem er sie einlud, ihn nachmittags im *Café du Dôme* aufzusuchen, um ihm neue Schreibimpulse zu verschaffen.[28] Heute ist das *Café du Dôme* nicht nur ein gemütliches Café, in dem sich sowohl Einheimische als auch Touristen gern aufhalten, sondern außerdem ein ausgezeichnetes Fischrestaurant.

In der Reportage *Amerikanische Bohème in Paris* berichtete Hemingway ausführlich über das *La Rotonde*. Er saß im Sommer oft auf der Terrasse dieses großen, 1200 Besucher fassenden Bistros. Hemingway beschrieb den Lesern des *Toronto Star* dieses, damals zur führenden Attraktion für Touristen avancierte und deshalb oft überfüllte Café als einen sehr beliebten Ort voller Trubel, Lärm und umtriebiger Emsigkeit.

```
Beim ersten Blick in das hohe, verräucherte, ti-
schestarrende Café kommen Sie sich vor, als be-
träten Sie das Vogelhaus im Zoo. Da herrscht ein
vielstimmiges Gekräh und Gekrächz, durchflattert
von Kellnern wie von Elsternscharen. Die Tische
sind voll - sie sind immer voll - da wird jemand
auf einen Stuhl gezogen, und man fällt über ihn
her, irgend etwas wird umgeworfen. Neue Ankömm-
linge drängen durch die Windfangtüren, und zwi-
schen den Tischen wendet sich ein weiterer
schwarz-weißer Kellner dem Eingang zu, so daß Sie
ihm Ihre Bestellung nachschreien müssen, ehe Sie
sich umschauen können - nach einem Gesicht.²⁹
```

Ihre warmen Mahlzeiten nahmen Hadley und Ernest, sofern sie es sich leisten konnten, oft in Restaurants wie dem *Michaud*, im *La Pêche Miraculeuse*, im *Nègre de Toulouse*, im *Strix* oder im

Hadley und Ernest beim Winterurlaub
Ende 1922 in Chamby, Schweiz.

Pré-aux-Clercs zu sich. Im Anschluß daran stürzten sie sich ins Pariser Nachtleben und gingen in die *Dingo Bar*, ins *Le Sélect*, ins Café *Régence* oder aber ins *Le Jockey*. Noch später am Abend suchten sie die Tanzlokale wie die *Bal Musette*, das *Moulin Rouge*, *Maxim's* oder das Café-Restaurant *Bœuf sur le Toit* auf.

Ende Januar 1922 fuhr das junge Paar zum ersten Mal innerhalb Europas in Urlaub. Sie mieteten sich ein Zimmer im Chalet der Familie Gangwisch im schweizerischen Chamby, wo sie Skifahren lernen wollten. Ernest war von der Schweiz und von dem dortigen Essen genauso begeistert wie von Paris. In einem Brief an Katy Smith schrieb er:

```
Wir wohnen in einem Chalet, das von einem eng-
lischsprechenden Schweizer namens Gangwisch be-
trieben wird; wir frühstücken im Bett und dann
gibt's noch zwei riesige Mahlzeiten. Seine Frau
ist eine prima Köchin, und wir zahlen für eine
Mahlzeit wie Roastbeef, pürierter Blumenkohl,
Bratkartoffeln, eine Suppe vorher und Blaubeeren
mit Schlagsahne hinterher ganze zwei Dollar am
Tag ... Wozu soll man versuchen, in einem so
scheußlichen Land wie Amerika zu leben, wenn es
Paris und die Schweiz und Italien gibt.[30]
```

Schweizer Cremesuppe

1 Zwiebel,
60 g Butter,
3 EL Mehl,
1 l Fleisch- oder Gemüsebrühe,
2 Eier,
100 g frisch geriebener Greyerzer

Zwiebel schälen und hacken. Butter im Suppentopf zerlassen, Zwiebel darin glasig dünsten. Mit dem Mehl bestäuben und anschwitzen, bis es goldgelb ist. Die Brühe unter kräftigem Rühren hinzufügen und zum Kochen bringen. Suppe 10 Minuten köcheln lassen. Eier mit einer Gabel leicht vermengen und unter Rühren in die Suppe geben. Suppe mit Käse bestreut servieren oder den Käse extra dazu reichen.

Roastbeef

Roastbeef gut trockentupfen. Die Fettschicht mit einem scharfen Messer rautenförmig einritzen, aber nicht ins Fleisch schneiden. Roastbeef rundherum mit Salz und Pfeffer einreiben. Butterschmalz in einem Bräter erhitzen. Das Fleisch darin rundherum kräftig anbraten, dann im heißen Backofen bei 240° 20 Minuten braten. Hitze auf 200° schalten und das Roastbeef noch etwa 30 Minuten braten. Es ist dann innen rosa. Roastbeef aus dem Bräter nehmen, in Alufolie wickeln und im abgeschalteten Ofen 10 Minuten ruhen lassen. Den Topf auf den Herd stellen, den Bratensatz mit dem Rinderfond loskochen. Die Sahne angießen und die Sauce bei starker Hitze auf die gewünschte Konsistenz einkochen lassen. Mit Salz und Pfeffer abschmecken und zum Fleisch servieren.

Tip: Am besten bereiten Sie das Roastbeef mit einem Fleischthermometer zu. Zeigt es 45° an, ist das Fleisch noch blutig, bei 55° ist es rosa gebraten.

2 kg Roastbeef mit Fettschicht,
Salz,
schwarzer Pfeffer,
2–3 EL Butterschmalz,
⅛ l Rinderfond,
⅛ l Sahne

Pürierter Blumenkohl

Blumenkohl waschen und in die einzelnen Röschen teilen. In kochendem Salzwasser in etwa 10 Minuten weich kochen, abgießen und abtropfen lassen. Dann im Mixer fein pürieren. Mit der Butter und der Crème double in einem Topf mischen und heiß werden lassen. Mit Salz, Pfeffer und Muskat abschmecken.

1 Blumenkohl,
Salz,
1 EL Butter,
1 EL Crème double,
schwarzer Pfeffer,
frisch geriebene Muskatnuß

Bratkartoffeln

800 g festkochende Kartoffeln,
2 EL Öl,
Salz

Kartoffeln schälen, waschen und trockentupfen. Dann in Achtel oder Würfel schneiden. Öl in einer beschichteten Pfanne erhitzen. Kartoffeln darin bei mittlerer Hitze unter gelegentlichem Wenden in 15–20 Minuten gar und knusprig braten. Mit Salz würzen.

Tip: Sie können die Kartoffeln auch im Backofen bei 200° auf dem Backblech in etwa 40 Minuten backen. Dabei einmal wenden.

Blaubeeren mit Schlagsahne

Das beste Aroma haben Blaubeeren, die frisch im Wald gepflückt wurden. Außerhalb der Blaubeerzeit auf andere Früchte der Saison als Dessert ausweichen.

Unterdessen war Hemingway als Korrespondent des *Toronto Star* kreuz und quer im Nachkriegs-Europa unterwegs. Am 9. April 1922 nahm er in Genua und Rapallo an der Eröffnung der *Conferenza Internazionale Economica di Genova* (der Weltwirtschaftskonferenz) teil. Es gelang ihm als einem von wenigen, eine Eintrittsberechtigung für das *Hotel Imperial* in Santa Margherita in der Nähe von Genua zu bekommen, in dem die russische Delegation untergebracht worden war. Abends nach den Konferenzsitzungen traf er in der Hotelbar viele wichtige russische Delegationsmitglieder, deren Sekretärinnen und Mitarbeiter. Auf diese Weise erhielt er viele interessante Informationen, die anderen Journalisten vorenthalten wurden. Hemingway informierte seine Leser auch über die italienischen Kommunisten ebenso wie über die Faschisten, die er als «Drachensaat» beschrieb, und er berichtete über Mussolinis Marsch nach Rom.

Hemingway hatte mit seiner exklusiven Berichterstattung Erfolg und wurde in Korrespondentenkreisen sehr geschätzt. Bald arbeitete er neben dem *Toronto Star* für weitere Nachrichtenagenturen. Sein eigentliches Interesse und sein Ehrgeiz galten jedoch nach wie vor dem literarischen Bereich, auch wenn ihm der Journalismus das Reisen und Geldverdienen ermöglichte.

Mitte Mai 1922 fuhren Ernest und Hadley, diesmal in Begleitung von Ernests Freund Eric Dorman-Smith, erneut nach Chamby. In *Paris – ein Fest fürs Leben* erinnert sich Hemingway an ein Gespräch mit Hadley, das von diesem Urlaub handelte. Er hatte damals, während Hadley und Eric in einem Wirtshaus in Aigle saßen, mehrere Forellen gefangen und sie mit ins Chalet genommen, um sie von der Wirtin zubereiten zu lassen:

```
„Erinnerst du dich, daß ich aus Aigle Wein nach
Hause mitbrachte, ins Chalet? Sie verkauften ihn
uns im Gasthaus. Sie sagten, er passe gut zu den
Forellen. Ich glaube, wir wickelten die Flaschen
in ein paar Exemplare der Gazette de Lausanne."
  „Der Sion war noch besser. Erinnerst du dich,
wie Mrs. Gangeswisch die Forellen au bleu kochte,
als wir ins Chalet zurückkamen? Was waren das für
wundervolle Forellen, Tatie, und wir tranken den
Sion und aßen draußen auf der Veranda, wo der
Berghang steil darunter abfiel, und konnten über
den See blicken und die Dent du Midi sehen mit
dem Schnee zu halber Höhe und die Bäume an der
Mündung der Rhône, wo sie in den See
hineinfließt."[31]
```

In der Reportage Forellenfang in Europa liefert Hemingway gleich das passende Rezept zum Fisch und den Rat, Forelle *au bleu* nicht in einem Hotel zu bestellen, sondern in einer Pension zubereiten zu lassen:

```
Die Schweizer haben ... ein wunderbares Rezept,
Forellen zu kochen. Sie kochen sie in Weinessig
mit Lorbeerblättern und einer Prise Paprika.
Nicht zuviel davon in das kochende Wasser hinein,
```

```
und kochen lassen, bis die Forelle blau wird.
Kein Rezept läßt der Forelle so viel von ihrem
Geschmack wie dieses, und das Fleisch bleibt fest
und rosa und zart. Sie bringen sie mit brauner
Butter auf den Tisch. Man trinkt dazu Fendant,
einen hellen Wein aus Sion.
  Man muß aufs Land gehen, um die Forellen so
gekocht zu bekommen, in den Hotels gibt es sie
selten. Sie kommen vom Fischen und fragen in
einem Chalet, ob sie wissen, wie man Forelle Blau
macht. Wenn sie es nicht wissen, gehen Sie besser
weiter, wenn sie es wissen, so setzen Sie sich zu
den Ziegen und Kindern vor die Haustür und war-
ten. Sie riechen die Forellen, wenn es kocht.
Einen Moment später hören Sie einen Plop. Das ist
der Fendant, der aufgemacht wird. Dann kommt die
Wirtin an die Tür und sagt: „Es ist aufgetragen,
Monsieur!"[32]
```

Während des gleichen Urlaubs überquerten sie auf einer Wanderung den Sankt-Bernhard-Paß und übernachteten in einem alten Hospiz, das heute noch von Mönchen bewirtschaftet wird. Danach besuchten Hadley und Ernest Mailand, Schio sowie Fossalta, wo Ernest stationiert und verwundet worden war, und sie wanderten entlang der Piave. In Mailand bekam Ernest die Gelegenheit, Mussolini im Büro seiner Zeitung *Il Popolo d'Italia* zu interviewen.

Nach einem kurzen Zwischenstopp in Paris unternahmen sie mit dem ehemaligen Chicagoer Reporter Lewis Galantière und dem Verleger Bill Bird und deren Frauen eine Reise über Straßburg nach Deutschland. In Straßburg aßen sie im berühmten *Maison Kammerzell*, worüber Hemingway in der Reportage *Neue Bräuche in Elsaß-Lothringen* berichtete. In diesem Artikel beschrieb er auch seine Nachforschungen über die großen, schlanken Straßburger Biere:

```
Links vom Münster liegt das Kammerzellsche Haus,
der Tafel zufolge 1472 erbaut, ein Wirtshaus wie
aus einem Grimmschen Märchen. In jedem seiner
```

sechs Stockwerke befindet sich ein Restaurant.
Wir aßen im Parterre in einem niedrigen holzgetäfelten Raum, und hier erinnerte einen alles an Bierkrüge mit Deckeln, an Dolche, die in Tischen stecken, an streitende Brandenburger und an Frauen mit jenem Kopfputz, der in einer Spitze ausläuft wie eine hohe schiefe Narrenkappe und von der ein Schleier herabhängt.

Es gab Brathuhn mit zarten grünen Bohnen, frisch gebackene Bachforelle aus den Vogesen, Kopfsalat und zum Abschluß vorzüglichen Kuchen und Kaffee. Dazu gab es einen klaren trockenen Rheinwein in langen schlanken Flaschen, viel schlanker als die Biergläser und so lang wie Indianerkeulen, offenbar ebenfalls vom Turm des Strasbourger Doms inspiriert. Danach gab es einen Fingerhut voll von einem Obstler namens *Quetsch*, der aus den großen blauen Pflaumen destilliert wird, die in den Obstgärten der Berge wachsen. Er schmeckte so, wie Pflaumen aussehen, aber niemals schmecken.[33]

Maison Kammerzell

à l'ombre de la Cathédrale
Strasbourg

Poulet au Riesling
(Huhn in Riesling)

6 EL (90 g) Butter,
1 bratfertiges Huhn
(etwa 1 ½ kg),
Salz und
frisch gemahlener
weißer Pfeffer,
2 Zwiebeln, in
Scheiben geschnitten,
1 Möhre, in Scheiben
geschnitten,
2 Knoblauchzehen,
gehackt,
Bouquet garni,
bestehend aus
1 Lorbeerblatt,
1 Thymianzweig und
3 Petersilienstengeln,
½ l Riesling,
250 g Champignons,
2 Eigelb,
0,2 l Sahne

Zwei Drittel der Butter in einer großen Kasserolle mit Deckel zerlassen, das Huhn salzen und pfeffern, hineingeben und von allen Seiten anbraten, bis es leicht gebräunt ist. Zwiebeln, Möhre, Knoblauch und Bouqet garni zufügen und einige Minuten mitbraten lassen. Den Riesling zugießen, aufkochen lassen, die Hitze reduzieren, die Kasserolle zugedeckt und das Huhn etwa 50 Minuten schmoren, bis es durchgegart ist. In der Zwischenzeit die Champignons putzen, die Stiele entfernen und die Pilzhüte in der restlichen Butter bei starker Hitze 3–4 Minuten anschwitzen. Wenn das Huhn gar ist, aus der Kasserolle nehmen und auf einer Platte warm stellen. Die Kochflüssigkeit durch ein Sieb in einen anderen Topf gießen und bei starker Hitze um die Hälfte einkochen lassen.

Die Eigelbe mit der Sahne verquirlen und etwas Sauce unterrühren. Die Champignons in die Sauce geben, den Topf vom Herd nehmen und die Ei-Sahne-Mischung hineinrühren. Bei schwacher Hitze unter ständigem Rühren sämig werden lassen und abschmecken. Aber nicht kochen lassen! Etwas Sauce über das Huhn geben und mit Champignons umlegen. Die restliche Sauce separat dazu reichen.

Tip: Man kann das Huhn auch vor der Zubereitung in Stücke zerteilen und dann weiter nach dem obigen Rezept verfahren. Die Kochzeit reduziert sich auf etwa 35 Minuten, und die Hälfte des Weins ist in diesem Fall ausreichend.

Prinzeßbohnen

Bohnen fädeln und waschen, Öl erhitzen, Bohnen naß dazugeben und kurz dünsten, mit Salz und Bohnenkraut würzen. ¼ l Wasser dazu, Gemüse zugedeckt bei mittlerer Hitze in etwa 15 Minuten bißfest kochen, mit Kräutern bestreuen, dazu Salzkartoffeln servieren.

*1 kg grüne Prinzeßbohnen,
5 EL Olivenöl,
Salz,
einige Zweige frisches Bohnenkraut,
1 EL frisch gehackte Petersilie,
etwas Dill*

Gebackene Bachforellen

Die Forellen innen und außen waschen und trockentupfen. Salzen, pfeffern und im Mehl wenden. 75 g Butter erhitzen und die Forellen darin auf beiden Seiten anbraten. Dann bei mittlerer Hitze pro Seite noch 4–5 Minuten braten. Auf eine Anrichteplatte legen und beiseite stellen. Den Rest der Butter in die Bratpfanne geben, die Mandeln hineinschütten, hellbraun rösten lassen und über die Forellen verteilen.

*4 küchenfertige Forellen,
Salz,
frisch gemahlener Pfeffer,
2 EL Mehl,
100 g Butter,
50 g geschälte halbierte Mandeln*

Gugelhupf

Rosinen im Kirschwasser quellen lassen. In einem Glas Milch die Hefe auflösen, wieder in die übrige Milch geben. Die Butter schmelzen lassen. In einer Schüssel das Mehl, den Zucker und eine Messerspitze Salz mischen. Nach und nach die Milch zugeben, dabei mit einem Holzlöffel umrühren. Mit dem Schnee-

*100 g Rosinen,
1 kleines Glas Kirschwasser,
½ l lauwarme Milch,
30 g Hefe,*

250 g Butter,
500 g Mehl,
175 g Puderzucker,
Salz,
3 Eier,
75 g Mandeln,
Fett für die Form

besen die Mischung schlagen, dabei die Eier und die geschmolzene Butter nach und nach zugeben. Die Rosinen zufügen. Den Teig in der Schüssel mit den Händen so lange durchkneten, bis er nicht mehr kleben bleibt. Die Schüssel mit einem feuchten Küchentuch zudecken und den Teig 1 Stunde gehenlassen. Die Gugelhupfform gut ausbuttern, auf die Ränder die geschälten Mandeln kleben und den Teig hineingeben. Teig noch einmal 2 Stunden gehen lassen. Den Kuchen im heißen Ofen bei 200° etwa 45 Minuten backen.

Vom Elsaß aus setzten Ernest und Hadley ihre Tour nach Deutschland fort und besuchten Triberg im Schwarzwald. Zum Schluß der Reise besichtigten sie die Stadt Köln

Ende September 1922 reiste Hemingway nach Konstantinopel, in das heutige Istanbul, um über den griechisch-türkischen Konflikt und die Flucht der Schwarzmeer-Griechen nach West-Thrakien und Mazedonien zu berichten. Er fuhr zusammen mit anderen Kriegsberichterstattern durch Ost-Thrakien, um sich über die Kriegssituation zu informieren und darüber zu schreiben. Wie es seiner Neugier und seinem Wissensdurst gegenüber allem Unbekannten entsprach, interessierte er sich auch privat für die Türkei und die türkische Kultur.

Die türkische Küche schien es ihm bei aller Aufgeschlossenheit jedoch nicht so sehr angetan zu haben.

```
Das Nationalessen der Türken ist Truthahn. Diese
Vögel haben ein anstrengendes Leben. Sie jagen
Grashüpfer auf den sonnenkahlen Hügeln Kleinasi-
ens und sind ungefähr so zäh wie ein Rennpferd.
Kein Fleisch taugt hier etwas, denn die Türken
haben so gut wie keine Rinder. Ein Lendensteak
ist entweder das Finale eines der schwarzen,
```

schmutzigen, triefäugigen Wasserbüffel mit den
zurückgebogenen Hörnern, die auf den Straßen
dahinschlurfen und ihren Karren ziehen, oder die
letzte Attacke von Kemals Kavallerie. Meine
Backenmuskeln fangen an, sich vom Kauen oder Wie-
derkäuen türkischer Steaks aufzublähen wie bei
einer Bulldogge.
  Der Fisch ist gut, aber Fisch ist gut fürs
Gehirn, und jedermann, der auch nur drei Löffel
voll Gehirnnahrung zu sich nähme, verließe Kon-
stan sofort, auch wenn er wegschwimmen müßte.[34]

Im Gegensatz zu dieser Darstellung lesen sich die später verarbeiteten Eindrücke in der Reportage *Vögel, Flügel, Wiedersehen – Ein Brief aus Key West* von 1935 viel positiver, und auch die kulinarischen Eindrücke erscheinen in der Rückschau sehr appetitlich gewesen zu sein:

Vor Konstantinopel gab es viele Rebhühner. Wir
ließen sie uns rösten und aßen vorher eine Dose
Kaviar, die Sorte, die man sich nie wieder leisten kann, blaßgrau, die Körner so groß wie Reh-
posten, und dazu Wodka – und dann die Rebhühner,
nicht zu gar, damit sie saftig sind, wenn man sie
schneidet. Dazu: Kaukasischer Burgunder, Pommes
frites und den Salat mit etwas Roquefort ange-
macht.[35]

Konstantinopel bot viele fremdartige exotisch-orientalische Eindrücke und fast so viele Verlockungen wie einstmals Kansas City für den Achtzehnjährigen. Die Abende und Nächte verbrachte Hemingway in Tanzlokalen und Bars in Konstantinopel, wie z.B. im *Taxim's*. In der Depeschensammlung *Die Flucht aus Thrazien* berichtet er über seine nächtliche Wanderung und Barbesuche:

Niemand, der den Versuch macht, sich in Konstantinopel zu akklimatisieren, ißt vor neun Uhr zu Abend. Die Theater fangen um zehn an. Die Nachtclubs machen um zwei auf - das heißt: die seriösen Nachtclubs. Die weniger seriösen öffnen um vier Uhr in der Frühe. Die Stände mit warmen Würstchen, Kartoffelchips und gerösteten Kastanien unterhalten ihre Holzkohlefeuer auf den Trottoirs und versorgen die Droschkenkutscher, die in langen Schlangen die Nacht hindurch warten, um von den Nachtschwärmern ein Fahrgeld zu ergattern. Konstantinopel feiert eine Art Henkerskarneval, denn Kemal Pascha hat geschworen, daß er aufräumen wird mit der Trinkerei, den Glücksspielen, den Nachtclubs und Dancings, wenn er einmarschiert.

Galata hat, in halber Höhe der Berge über dem Hafen, ein Viertel, in dem es unsäglich zugeht, schrecklicher als an der Piratenküste in ihrer Glanzzeit.[36]

Bereits vier Wochen nach seiner Rückkehr nach Paris wurde Hemingway vom *Star* nach Lausanne geschickt, um über die Friedenskonferenz, die den Konflikt zwischen Griechenland und der Türkei beilegen sollte, zu schreiben. In den Reportagen «Mussolini: Der größte Bluffer Europas» und «Russisches Soldatenspiel» berichtete er von den Gesprächen, die im Hotel *Savoy* stattfanden sowie über eine Pressekonferenz Mussolinis im Hotel *Beau Rivage*. Hemingway selbst wohnte im *Lausanne Palace Hotel*, von wo aus er auch seine Berichte nach Amerika und Kanada verschickte.

Es war für Hemingway selbstverständlich, seine politisch sicherlich ausgeprägten persönlichen Haltungen und Einstellungen von den scharfen und weitsichtigen Analysen abzutrennen, die er nach Toronto kabelte. Dem Grundsatz der journalistischen Ausgewogenheit blieb er auch in seinem schriftstellerischen Werk treu, indem er das, was er sah, engagiert, aber nicht ideologisch gefärbt erzählte.

Im Anschluß an die Friedenskonferenz blieb Hemingway zum Skilaufen in der Schweiz. Er ließ Hadley mit dem Zug nach Chamby nachkommen, um mit ihr und mit Eric Dorman-Smith Weihnachten 1922 auf ein Neues im Chalet der Familie Gangwisch zu feiern. Auf Hadleys Fahrt in die Schweiz ereignete sich ein Drama: Auf dem Pariser Gare de Lyon wurde ihr ein Koffer gestohlen, in dem sich die Manuskripte und Durchschläge sämtlicher Geschichten, die Hemingway in Europa geschrieben hatte, befanden. Nur *Mein Alter* und *Oben in Michigan* blieben zufällig erhalten. Das erste lag gerade zur Prüfung bei einem Verlag vor, und das zweite hatte Hemingway tief in einer Schublade vergraben, weil er damit nicht wirklich zufrieden war. Erst nach zwei Monaten erholte Hemingway sich so weit von diesem Schock, daß er wieder imstande war, mit dem Schreiben anzufangen. Chamby machte trotz allen Kummers über den Verlust einen unvergeßlichen Eindruck auf Hemingway. Ein Jahr später, als er kurzfristig für den *Star* in Toronto tätig war, berichtete er in der Reportage *Weihnachten auf dem Dach der Welt*.

```
Wir machten mit einem Gleitschwung halt, klopften
unsere Skier los und wanderten dann zu dritt berg-
auf, den Lichtern des Chalets entgegen. Vor den
dunklen Kiefern sahen die Lichter sehr fröhlich
aus, und drinnen wartete ein großer Weihnachts-
baum und ein richtiges Weihnachtsmahl, der Tisch
mit glänzendem Silberbesteck, die Gläser mit lan-
gen Stielen, die Flaschen mit schlanken Hälsen,
der Truthahn groß und braun und schön, die Bei-
lagen alle aufgetragen, und Ida, die uns in einer
frischen Schürze aufwartete. Ein solches Weihnach-
ten erlebt man nur auf dem Dach der Welt.[37]
```

Festliche Putenkeulen

4 Putenunterkeulen (je etwa 400 g),
Salz,
Pfeffer,
2 Bund Suppengrün,
1 Zwiebel,
1 EL Butterschmalz,
200 ml Geflügelfond,
200 ml trockener Weißwein (am besten Schweizer Fendant)

Putenkeulen waschen, trockentupfen und mit Salz und Pfeffer einreiben. Suppengrün putzen oder waschen und fein würfeln. Zwiebel schälen und fein hacken. Butterschmalz in einem Schmortopf (am besten aus Gußeisen) erhitzen. Putenkeulen darin rundherum kräftig anbraten, wieder herausnehmen. Suppengrün und Zwiebel im verbliebenen Bratfett andünsten, Putenkeulen wieder hinzufügen. Alles mit Geflügelfond und Weißwein ablöschen und die Putenkeulen im heißen Ofen bei 160° etwa 1 ½ Stunden braten. Dabei zwei bis dreimal wenden und immer wieder mit dem Bratensaft beträufeln. Gebratene Putenkeulen herausnehmen und in Alufolie wickeln. Sauce durch ein Sieb geben und eventuell etwas einkochen lassen. Mit Salz und Pfeffer abschmecken. Putenkeulen mit der Sauce servieren.

Tip: Außer den folgenden Beilagen paßt dazu noch Kartoffelpüree (Rezept Seite 51).

Glasierte Maronen und Möhren

400 g Möhren,
Salz,
250 g vakuumverpackte gegarte Maronen,
2 EL Butter,
1 EL Zucker,
50 ml Portwein,
weißer Pfeffer,
1 EL feingehackte Petersilie

Möhren schälen oder schaben und in etwa 2 cm lange Stücke schneiden. In wenig kochendem Salzwasser zugedeckt 8 Minuten kochen lassen, herausheben und die Garflüssigkeit aufbewahren. Maronen aus der Packung nehmen. Butter in einer Pfanne mit dem Zucker zerlassen und garen, bis die Mischung hellbraun ist. Maronen und Möhren dazugeben und bei mittlerer Hitze unter Rühren braten, bis sie schön glänzen. Mit dem Portwein und 1 Schöpfkelle Möhrenkochwasser ablöschen und bei starker Hitze etwas einkochen lassen. Mit Salz und Pfeffer abschmecken und die Petersilie untermischen.

Birnen-Rotkraut

Birnen in Stücke schneiden und 2–3 Stunden in ¼ l lauwarmem Wasser einweichen. Dann abtropfen lassen, Einweichwasser aufbewahren. Zwiebel schälen und fein würfeln. Rotkraut waschen und vierteln. Strunk jeweils herausschneiden, Viertel in feine Streifen hobeln. Butterschmalz in einem Topf erhitzen. Zwiebel mit Rotkraut und Birnen darin anschwitzen. Walcholderbeeren im Mörser zerstoßen und mit Rotwein und Brühe dazugießen. Kraut mit Zucker, Salz und Pfeffer abschmecken und zugedeckt bei mittlerer Hitze etwa 1 Stunde schmoren. Dabei immer wieder durchrühren und nach und nach die Birnenflüssigkeit dazugeben. Rotkraut mit dem Essig und eventuell noch Salz und Zucker abschmecken.

100 g getrocknete Birnen,
1 Zwiebel,
1 Kopf Rotkraut (etwa 750 g),
1 EL Butterschmalz,
4 Wacholderbeeren,
200 ml trockener Rotwein,
200 ml Fleischbrühe,
2 EL Zucker,
Salz,
Pfeffer,
2 EL Rotweinessig

Von Chamby aus besuchten die Hemingways das Ehepaar Ezra und Dorothy Pound im Hotel *Splendide* in Rapallo in Italien. Ezra Pound nahm entscheidenden Einfluß auf Hemingways literarische Entwicklung. Er half ihm, seine Erzählungen auf das Wesentliche zu konzentrieren und damit das Tempo des Erzählrhythmus zu erhöhen. Pound, der damals schon als eine unumstrittene Instanz der «verlorenen Generation» um Gertrude Stein galt, empfahl die Manuskripte Hemingways an Verlage und Literaturzeitschriften. So stellte er den Kontakt zu Ford Madox Ford her, der, selbst Schriftsteller, die neue literarische Zeitschrift *transatlantic review* gegründet hatte und verlegte. Hemingway brachte Pound im Gegenzug dafür das Boxen bei. Bei den Pounds traf Hemingway auch den Maler Mike Strater wieder, mit dem er sich schon in Paris angefreundet hatte und der in ihm die Begeisterung für den Stierkampf weckte. Auch Robert McAlmon begegnete er hier, dem Besitzer des Verlages *Contact Press*, der später Hemingways ersten Erzählband herausbrachte. Ernest und Hadley begleiteten die Pounds auf einer Wanderung durch die Toskana, die sie von Rapallo über Pisa nach Siena führte. Anschließend besuchten Hadley und Ernest Mailand, wo sie im Restaurant *Compari* speisten. Später fuhren sie zum Skifahren nach Cortina d'Ampezzo in die Dolomiten und wohnten im Hotel *Bellevue*. Hier erreichte Hemingway der Auftrag des *Toronto Star*, nach Deutschland ins Ruhrgebiet zu fahren, um dort von den Tumulten beim Rückzug der Franzosen zu berichten. Hadley wollte ihn, da sie schwanger war, nicht auf diese Reise begleiten und blieb statt dessen im Hotel *Bellevue* in Cortina d'Ampezzo.

Hemingway, der mit der Bahn über Paris und Frankfurt ins Ruhrgebiet fuhr, beschrieb in einer Reihe von Reportagen die allgemeine Stimmungslage in Deutschland. Dort wurden Arbeitslosengelder in Millionenhöhe als Ausgleich für ausgebliebene Reparationszahlungen beschlagnahmt. In *Eine Million Mark ist schnell ausgegeben* setzte er sich mit den katastrophalen Folgen der Geldentwertung auseinander. So wurde er im Hotel *Frankfurter Hof* darauf hingewiesen, daß er für eine Übernachtung 51 000 Mark zuzüglich Nebenkosten zu zahlen habe:

```
An der großen Glastür des Frankfurter Hofs hing
ein Schild mit Frakturaufschrift: „Franzosen und
Belgier unerwünscht". Am Empfang erfuhr ich, daß
ein Einzelzimmer 51000 Mark kosten sollte, „dazu
kommen natürlich die Abgaben". In dem orientali-
schen Foyer blickten mich aus großen Sesseln ern-
ste jüdische Gesichter durch blauen Zigarrenrauch
an. Ich trug mich als aus Paris kommend ein.
   „Selbstverständlich bestehen wir nicht auf
dieser anti-französischen Vorschrift", sagte der
Mann am Empfang sehr freundlich.
   Oben im Zimmer hing eine Liste der Abgaben.
Zunächst einmal 40 Prozent Kommunalsteuern, dann
20 Prozent für den Service, dann 8000 Mark für
Heizung, dann der Hinweis, daß Besuchern, die ihr
Frühstück nicht im Hotel einnehmen, 6000 Mark
```

zusätzlich in Rechnung gestellt werden. Dazu
kamen noch ein paar andere Gebühren. Ich blieb
diese eine Nacht und den halben folgenden Tag.
Die Rechnung betrug 145000 Mark.[38]

In *Haß im Ruhrgebiet*, einem Artikel, den er in Düsseldorf verfaßte, berichtete Hemingway von antifranzösischen Demonstrationen in Essen. Und in der Reportage *Franzosen tüchtig, wenn Kamera zusieht* fing Hemingway mit viel Ironie die tragikomischen Züge dieser Zeit ein, indem er die falsche Berichterstattung eines französischen Kameramanns bloßstellte und sich über die Offiziere beider Länder lustig machte, die im Essener Hotel *Kaiserhof* offizielle Pressemitteilungen herausgaben.

Fast ebenso amüsant wie die privaten Exkursionen
ins Ruhrgebiet sind die rivalisierenden französischen und deutschen Pressebüros im Hotel *Kaiserhof* in Essen. Der französische Presseoffizier ist
ein großer blonder Mann und sieht aus wie die
Verkörperung der traditionellen Karikatur eines
Deutschen. Der deutsche Presseoffizier dagegen,
der seine dreißig Minuten Propaganda unmittelbar
nach dem französischen Presseoffizier im *Kaiserhof* zum besten gab, gleicht aufs Haar der Karikatur eines Franzosen: klein, dunkel, konzentriert.
Beide Seiten verzerrten großzügig die Tatsachen
und verbreiteten falsche Nachrichten.[39]

Im April 1923 kehrte Hemingway mit Hadley von Cortina d'Ampezzo nach Paris zurück.

Dort begann er unverzüglich mit der Planung einer Spanienreise, die er im Mai und Juni mit Mike Strater sowie den beiden Verlegern Bill Bird und Robert McAlmon unternehmen wollte. Ihre erste Station war Madrid, wo Hemingway seinen ersten Stierkampf sah und sofort begeistert war. Sie aßen u. a. bei *Botín*, wovon Mike bereits bei der Planung der Reise im Restaurant *Strix* in Paris geschwärmt hatte.

> Es war Frühling in Paris, und alles sah ein bißchen zu schön aus. Mike und ich entschlossen uns, nach Spanien zu fahren. Strater zeichnete uns auf die Rückseite der Speisekarte des Restaurants *Strix* eine tadellose Karte von Spanien. Darüber notierte er den Namen des Restaurants in Madrid, wo es als Spezialität geröstetes Spanferkel gibt, den Namen einer Pension in der Via San Jerónimo, wo die Stierkämpfer abstiegen, und einen Plan des Prado, auf dem zu sehen war, wo die El Grecos hängen.
> Mit dieser Speisekarte und unseren alten Anzügen equipiert, brachen wir nach Spanien auf. Wir hatten ein Reiseziel: wir wollten Stierkämpfe ansehen.[40]

Die *Corridas*, die staubige und aufgeheizte Stimmung in den Straßen und um die Arena und das Schauspiel an sich machten Hemingway zu einem begeisterten *aficionado*, einem glühenden Anhänger des Stierkampfes. In der Pension *Luarca* in der Calle San Jerónimo lernte er mehrere Matadore kennen, die ihm außer der spanischen Umgangssprache eine Menge über den Stierkampf und die dazugehörige Fachsprache beibrachten. Nach Madrid sahen sich die drei amerikanischen Freunde weitere Stierkämpfe in Ronda, Sevilla und Granada an.

In Spanien beschlossen McAlmon und Hemingway, die Geschichten *Mein Alter, Oben in Michigan* und *Schonzeit* sowie einige Gedichte unter dem Titel *Three Stories & Ten Poems* zu veröffentlichen, Hemingways erste Buchveröffentlichung. Außerdem arbeitete Hemingway an einer Reihe von Beiträgen für den Erzählband *in our time*, der später von William Birds Verlag Three Mountain Press herausgebracht wurde. Die Stierkämpfe faszinierten Ernest derartig, daß er bereits im Juli zum ersten Mal gemeinsam mit Hadley Spanien aufsuchte. Sie waren vor allem von der *feria* von San Fermin in Pamplona begeistert. Hier machten sie Bekanntschaft mit einigen berühmten Stierkämpfern, u. a. Maëra und Nicanor Villalta, nach dem Ernest vier Monate später seinen erstgeborenen Sohn nannte.

Hemingway liebte die aufgeheizte und staubige Stimmung der Stierkampfarena und alle Genüsse rund um das Spektakel.

Im August reisten Ernest und Hadley nach Kanada, wo am 10. Oktober 1923 John Hadley Nicanor Hemingway geboren wurde, der bald von allen nur «Bumby» gerufen wurde. Zu dieser Zeit begann Hemingway, seine Erinnerungen als Artikel im Büro beim *Star* zu schreiben.

Auf seinen vielen Reisen quer durch Europa hatte Hemingway immer wieder Zeit zum Angeln und Jagen gefunden. In der Reportage *Jagen in Europa* vom November 1923 schrieb er, wo welches Wild in Europa gejagt werden konnte. Außerdem wußte er genau, in welcher Gegend traditionell die besten Wildgerichte vorkamen. Besonders Wildschwein, zubereitet nach der Art von Dijon, hatte es ihm angetan:

```
Ein Wildschwein wiegt bis zu 200 Pfund und ist
Gramm für Gramm und Pfund für Pfund ein so unge-
bärdiges und tückisches Tier, wie man sich nur
denken kann. Es ist aber auch mit das Schmackhaf-
teste, was es auf der Welt zu essen gibt, und als
„sanglier" und „marcassin" macht es Dijon zu ei-
nem Ort, in dem jeder Feinschmecker begraben sein
möchte.⁴¹
```

Wildschwein Dijon

1 Stück Wildschwein-schulter oder -keule (etwa 1,2 kg),
½ l guter Rotwein,
2 EL Rotweinessig,
1 Lorbeerblatt,
3 zerdrückte Wacholderbeeren,
einige frische

Das Wildschwein kalt abwaschen, trockentupfen und in eine Porzellanschüssel legen. Die Hälfte vom Wein mit ¼ l Wasser, Essig, Lorbeer, Wacholder, Thymian, Gewürznelken, Salz und Pfeffer mischen und über das Fleisch gießen. Das Fleisch darin an einem kühlen Ort etwa 3 Tage marinieren, dabei immer wieder umdrehen. Dann das Fleisch herausnehmen und wieder trockentupfen. Die Marinade durch ein Sieb gießen. Die Zwiebeln schälen und mit dem Speck klein würfeln. Die Butter in einem Schmortopf zerlassen. Das Fleisch salzen und pfeffern und in der Butter rundherum kräftig anbraten, wieder herausnehmen. Zwiebeln und Speck im restlichen Bratfett glasig dünsten. Fleisch wieder dazugeben, mit der Hälfte der Marinade und dem übrigen Wein ablöschen. Den Braten im heißen Backofen bei 180° etwa 1 ½ Stunden braten, dabei immer wieder mit dem Bratfond begießen und nach und nach die übrige Marinade dazugeben. Das Fleisch aus dem Topf nehmen, in Alufolie wickeln und im abgeschalteten Backofen 10 Minuten ruhen lassen. Crème double und Senf unter die Sauce rühren, die Sauce nach Wunsch bei starker Hitze etwas einkochen lassen. Sauce mit Salz und Pfeffer abschmecken. Fleisch in Scheiben schneiden und mit der Sauce servieren.

Thymianzweige,
4 Gewürznelken,
Salz,
Pfeffer,
2 Zwiebeln,
100 g durchwachsener Speck,
50 g Butter,
250 g Crème double,
1 EL Dijonsenf

Kartoffel-Kürbis-Gratin

Kürbis von den Kernen befreien und schälen. Kartoffeln ebenfalls schälen und mit dem Kürbis in feine Scheiben hobeln. Zwiebeln schälen und fein würfeln. Speck ebenfalls würfeln. Butter zerlassen und den Speck darin knusprig braten. Zwiebeln hinzufügen und braten, bis sie glasig sind. Kartoffeln und Kürbis lagenweise mit Speckzwiebeln in eine feuerfeste Form schichten. Dabei jeweils mit wenig Salz und reichlich Pfeffer würzen. Eier mit Sahne und Käse verrühren und darüber gießen. Semmelbrösel darauf verteilen. Gratin im heißen Ofen bei 180° etwa 50 Minuten backen, bis es weich und gebräunt ist.

1 Stück Kürbis
(etwa 600 g),
500 g Kartoffeln,
2 Zwiebeln,
50 g durchwachsener Speck,
1 EL Butter,
Salz,
weißer Pfeffer,
2 Eier,
100 g Sahne,
100 g frisch geriebener Käse,
2 EL Semmelbrösel

Schalotten-Trauben-Gemüse

400 g Schalotten,
200 g helle Trauben,
2 TL Butter,
150 ml Hühnerbrühe,
Salz,
weißer Pfeffer,
1 TL Zitronensaft

Schalotten schälen, größere halbieren, Trauben waschen und von den Stielen zupfen, ebenfalls halbieren. Butter in einem Topf zerlassen, Schalotten darin andünsten. Brühe angießen und die Schalotten bei schwacher Hitze zugedeckt 15–20 Minuten schmoren, bis die Flüssigkeit fast verdampft ist. Trauben untermischen und heiß werden lassen. Gemüse mit Salz, Pfeffer und Zitronensaft abschmecken.

Es blieb ihm beim *Toronto Star* in Kanada nur wenig Zeit, um sich ganz dem Schreiben widmen zu können. Daher kündigte Hemingway zum 1. Januar 1924 seine Stelle als Europakorrespondent. Die Veröffentlichungen von *Three Stories & Ten Poems* durch Robert McAlmon und des Kurzgeschichten-Sammelbandes *in our time* bei Three Mountains Press seines Freunde Bill Bird bestärkten diesen Entschluß. Gertrude Stein besprach *Three Stories & Ten Poems* bereits im November 1923 in der Pariser Ausgabe der *Chicago Tribune*, doch in den USA wurden beide Bücher erst ein Jahr später, im Oktober 1924, rezensiert. Der Rezensent, Edmund Wilson, der später zu einem der renommiertesten Literaturkritiker Amerikas avancierte, bezeichnete Hemingway als Genius und «Prosaschriftsteller höchsten Ranges».[42]

Der Durchbruch als Schriftsteller deutete sich an.

Fiesta
Der Erfolg als Schriftsteller

Ende Januar 1924 kehrte die junge Familie nach Paris zurück. Nachdem sie in die Rue Notre-dame-des-Champs gezogen waren, wurde das Café-Bistro *La Closerie des Lilas*, am Boulevard du Montparnasse, zu Hemingways Stammcafé. Es lag in der Nähe seiner neuen Wohnung, etwas abseits vom allgemeinen Getümmel. Hier konnte er ungestört an seinen Kurzgeschichten arbeiten. Es wurde ihm zu einem so vertrauten und wichtigen Ort, daß er in *Paris – ein Fest fürs Leben* dem *Closerie des Lilas* ein ganzes Kapitel widmete:

```
Die Closerie des Lilas war das nächstgelegene
gute Café, als wir in der Wohnung über der
Sägemühle in der Rue Notre-dame-des-Champs 113
wohnten, und es war eines der besten Cafés in
Paris. Im Winter war es drinnen warm, und im
Frühling und Herbst war es draußen wunderbar mit
den Tischen im Schatten der Bäume auf der Seite,
wo das Denkmal des Marschalls Ney war, und an den
viereckigen Tischen unter den großen Markisen am
Boulevard. Zwei der Kellner waren gute Freunde
von uns. Leute aus dem Dôme und der Rotonde kamen
nie in die Closerie. Hier war niemand, den sie
kannten, und wenn sie gekommen wären, hätte sie
niemand angestarrt. In jenen Tagen gingen viele
Leute in die Cafés an der Ecke des Boulevard
Montparnasse und des Boulevard Raspail, um von
allen gesehen zu werden, und in gewisser Weise
waren solche Cafés die Vorlagen der Klatschkolum-
nisten - täglicher Ersatz für die Unsterblich-
keit.[43]
```

La Closerie des Lilas am Boulevard du Montparnasse war Hemingways Stammcafé. Hierher kam er, wenn er ungestört und konzentriert an seinen Texten arbeiten wollte.

Ließen sich während seiner konzentrierten Arbeitsphasen Bekannte oder Freunde im *Closerie des Lilas* blicken, gab sich Hemingway die größte Mühe, die Störenfriede herauszukomplementieren:

```
Du konntest jetzt weggehen und hoffen, daß es nur
ein zufälliger Besuch war und daß der Gast nur
aufs Geratewohl hereingekommen war und es sich
nicht um eine dauernde Landplage handeln würde.
Es gab andere gute Cafés, in denen man arbeiten
konnte, aber sie waren weit weg, und dies war
mein Stammcafé. Es war schlimm, aus der Closerie
verjagt zu werden. Ich mußte mich zur Wehr setzen
und gehen. Es war wahrscheinlich klüger, wegzuge-
hen, aber die Wut stieg in mir hoch und ich
sagte: Hör mal, ein Hundsfott wie du hat eine
Menge Orte, wo er hingehen kann. Warum mußt du
hierherkommen und ein anständiges Café verwan-
zen?[44]
```

Ein Teil von Hadleys Erbschaft war bei Spekulationen verlorengegangen, und da Ernest beim *Star* gekündigt hatte, verfügten die Hemingways über kein regelmäßiges Einkommen mehr und mußten sich noch mehr einschränken. Auch die Einnahmen aus den ersten Veröffentlichungen seiner Erzählbände waren eher spärlich. Dies alles konnte den Gourmet Hemingway aber nicht davon abhalten, dann und wann doch in einem Restaurant zu speisen. Es kam vor, daß er, nach langem Fasten, in der Brasserie *Lipp* eine deftige Mahlzeit zu sich nahm, die ihn mit dem größten Vergnügen erfüllt und zeigte, wie sehr er den Moment zu genießen verstand. Diese Augenblicke versöhnten stets mit seiner Entscheidung, den Journalismus aufgegeben zu haben.

```
Ich tat das, was ich tat, aus freien Stücken, und
ich benahm mich dabei ganz töricht. Ich hätte ein
großes Brot kaufen und es essen sollen, statt
eine Mahlzeit auszulassen. Ich konnte die herrli-
che braune Kruste schmecken. Aber es ist trocken
im Mund, wenn man nichts dazu trinkt. Du ver-
```

fluchter Meckerer. Du dreckiger, falscher Heiliger und Märtyrer, sagte ich zu mir. Du hast aus eigenem Antrieb den Journalismus aufgesteckt. Du hast Kredit, und Sylvia hätte dir Geld geborgt. Hat sie häufig getan. Gewiß. Und das nächste wäre dann, daß man zu einem neuen Kompromiß bereit ist. Hunger ist gesund, und die Bilder sehen wirklich schöner aus, wenn man hungrig ist. Essen ist auch wunderbar, und weißt du, wo du jetzt sofort etwas essen wirst?

Bei *Lipp's* wirst du essen und auch trinken.

Zu *Lipp's* war es nicht weit, und jedes Lokal, an dem ich vorbeikam, das mein Magen ebenso schnell bemerkte wie meine Augen und meine Nase, machte den Weg zu etwas Besonderem und vergrößerte das Vergnügen. Es waren nur wenige Leute in der *brasserie*, und als ich mich auf die Bank setzte, gegen die Wand, mit dem Spiegel im Rücken und dem Tisch vor mir, und der Kellner mich frug, ob ich Bier haben wollte, bestellte ich Kartoffelsalat und ein *distingué*, den großen Glaskrug, der einen Liter faßt. Das Bier war sehr kalt und trank sich wunderbar. Die *pommes à l'huile* waren fest und gut mariniert und das Olivenöl köstlich. Ich zermahlte etwas schwarzen Pfeffer über den Kartoffeln und tunkte das Brot in das Olivenöl. Nach dem ersten tiefen Zug Bier trank und aß ich sehr langsam. Als die *pommes à l'huile* alle waren, bestellte ich mir noch eine Portion und eine *cervelas*. Das war eine Wurst, wie eine große, dicke, in Hälften geschnittene Frankfurter, die mit einer vorzüglichen Senfsauce bedeckt war. Ich wischte alles Öl und alles von der Sauce mit Brot auf und trank das Bier langsam, bis es nicht mehr so kalt war, und dann trank ich es aus und bestellte ein *demi* und sah zu, wie es abgezogen wurde. Es schien kälter als das *distingué*, und ich trank es zur Hälfte.[45]

A toute heure

COMMANDES PRISES JUSQU'A 1ʰ DU MATIN

Kir Champagne à la liqueur de framboise.	56
Kir Maison	45
(Crémant d'Alsace et Framboise Liqueur)	
Verre Crémant	36
Champagne (la flûte)	52
Tarama - Toasts	52
Saumon Fumé Norvégien	122
Caviar d'Iran (toasts)	210
Œufs de Saumon (toasts)	64

Spéciales N° 2 la dzne	138
Belons N° 1 les six	162
Crevettes Royales Mayonnaise	66
BUFFET FROID	
Jambon de Parme, Pain Complet	102
Foie Gras de Canard	102
Quart Poulet Froid Mayonnaise Salade	92
Gigot Froid Mayonnaise, Salade	116
Steak Tartare LIPP	
Haché Minute, Salade	106

SALADES :

Mâche - Betterave - Noix - Œuf dur	48
LIPP au Thon	55
LIPP au Museau de Bœuf	55

SANDWICHES : Jambon, Saucisson 36

Olives Vertes	10
Bretzels	10
Chips	10
Tartine Beurre - Toasts Beurre	14
Confiture	6
Œuf dur	3
Œufs au Plat Jambon	40
Œuf en Gelée	35

Bière Blonde Mutzig le Demi	23
le Sérieux	46
Bière Brune le Demi	23
le Sérieux	46
Buckler Sans Alcool	23

CHAMPAGNE CUVÉE LIPP ..280
La Demi 160

SPÉCIALITÉS

Saucisses de Francfort	35
Cervelas Rémoulade	45
Harengs Bismarck	45
Pommes à l'huile	16
Jambon d'York	44
Terrine Persillée	48
Pâté en Croûte - Salade	65
Fromages	44 à 50
Fondant Chocolat	58
Mille-Feuille *(Spécialité)*	64
Tarte du Jour	52
Véritable Apfelstrudel	54
Baba au Rhum	60
Fontainebleau	48
Café ....18 Décaféiné	18
Chocolat	20
Lait Chaud - Lait Froid	12
Lait Aromatisé (Sirop)	16

GLACES

Parfait Café	48
Sorbets Battistelli (3 parfums)	54
Pêche Melba	48
Profiteroles Glacées	54
Pavé Glacé au Nougat de Montélimar	54

VINS EN CARAFE 50 cl		
Côtes de Brouilly .... 78 Riesling LIPP		72
NOTRE SELECTION :	**Bouteille**	**1/2 Bouteille**
Bandol Rosé Dne BARTHES	96	58
CAZES Côtes du Roussillon	106	64
BEAUJOLAIS Villages 1994	94	57
Bordeaux Réserve LIPP 1992	86	52
CHAMPAGNE CUVÉE LIPP	280	160

Hemingway schwärmte geradezu schwelgerisch für die «Pommes à l'huile», die man bis heute auf der Speisekarte der Brasserie *Lipp* findet.

Pommes à l'huile à la Lipp
(Kartoffeln in Olivenöl)

Kartoffeln waschen und in wenig Salzwasser in der Schale zugedeckt in 20–30 Minuten bißfest kochen. Inzwischen Zwiebel schälen und sehr fein hacken. Eier hart kochen, kalt abschrecken und abkühlen lassen. Zitronensaft und Olivenöl mit einer Gabel verrühren, bis die Menge cremig wird, salzen. Kartoffeln abgießen, etwas ausdampfen lassen und schälen. Der Länge nach achteln und noch warm mit der Ölsauce und der Zwiebel mischen. Lauwarm abkühlen lassen, eventuell noch mit etwas Salz abschmecken und auf eine Platte geben. Mit grobem schwarzem Pfeffer übermahlen. Eier pellen und grob hacken. Auf den Kartoffeln anrichten.

800 g festkochende Kartoffeln,
Salz,
1 weiße Zwiebel,
2 Eier,
3 EL Zitronensaft,
6–8 EL gutes Olivenöl,
grob gemahlener schwarzer Pfeffer

Senfsauce

Schalotten schälen und sehr fein hacken. Petersilie waschen, die Blättchen abzupfen und ebenfalls fein hacken. Öl in einem Topf erhitzen, Schalotten darin unter Rühren glasig dünsten, Petersilie kurz mitdünsten. Sahne mit Senf mischen und dazugießen, die Sauce in 4–5 Minuten cremig einkochen lassen. Mit Essig und Salz abschmecken und heiß, lauwarm oder abgekühlt zu gebratenen oder erhitzten Würstchen essen.

2 Schalotten,
einige Zweige frische Petersilie,
2 TL Öl,
200 g Sahne,
2 EL scharfer Senf (Dijonsenf),
2 TL Weißweinessig,
Salz

Noch Ende der fünfziger Jahre gerät Hemingway in seinem von Mary Welsh postum veröffentlichten Werk *Inseln im Strom* ins Schwärmen angesichts dieses Kartoffelsalats, den er in den zwanziger Jahren in der Brasserie *Lipp* gegessen hatte.

Ernest und Hadley setzten ihre Streifzüge durch Paris fort. Mit Vorliebe gingen sie an der Seine spazieren und sahen den Anglern zu.

```
Sie fingen immer ein paar Fische, und oft war der
Fang ausgezeichnet, eine Art Weißfisch, die
goujon hieß. Sie waren, wenn man sie im Ganzen
briet, köstlich, und ich konnte einen großen
Teller voll essen. Sie waren fleischig und zart,
sogar von feinerem Geschmack als frische Sardi-
nen, und waren überhaupt nicht tranig, und wir
aßen sie mit Gräten und allem.
   Einer der besten Orte, wo man sie aß, war
draußen im Freien in Bas Meudon, in einem Restau-
rant, das über den Fluß hinausgebaut war, wo wir,
wenn wir für einen Ausflug Geld hatten, hinfuh-
ren, um mal aus dem Viertel herauszukommen. Es
hieß La Pêche Miraculeuse, und es gab dort einen
prächtigen Weißwein, eine Art von Muscadet. Es
war wie ein Ort aus einer Maupassant-Novelle, mit
dem Blick über den Fluß, wie Sisley ihn gemalt
hat. Man brauchte nicht so weit zu fahren, um
goujon zu essen. Auf der Île Saint-Louis konnte
man eine sehr gute friture bekommen.[46]
```

Auch ihre Reisen durch Europa schränkten die Hemingways nicht ein. Sie verbrachten den Sommer in Madrid und Aranjuez. In Pamplona, im Hotel *Quintana*, trafen sie sich mit John Dos Passos, Bill Bird, Robert McAlmon und dem Schriftstellerkollegen Donald Ogden Stewart, um sich gemeinsam Stierkämpfe anzusehen. Anschließend unternahmen sie eine Angeltour in der Umgebung von Burguete in den Pyrenäen.

Im Winter zogen sie sich nach Schruns ins österreichische Vorarlberg zurück und wohnten alle drei im Hotel *Taube*. In *Paris – ein Fest fürs Leben* beschreibt Hemingway die Räumlichkeiten und das Ambiente dieses Familienbetriebs:

Die Zimmer in der *Taube* waren groß und behaglich, mit großen Öfen, großen Fenstern und großen Betten und guten Wolldecken und Federbetten. Die Mahlzeiten waren einfach und ausgezeichnet, und der Speisesaal und die holzgetäfelte Gaststube waren gut geheizt und gemütlich. Das Tal war weit und offen, so daß man viel Sonne hatte.[47]

Die Kleinfamilie – Ernest, Hadley und Bumby – im Schnee, 1924/25.

Tagsüber stiegen Ernest und Hadley oft zu dem hoch in den Bergen gelegenen *Madlener Haus* hinauf. Sie liebten es, sich hier zu stärken, genossen die Aussicht und die langen Skiabfahrten ins Tal zum Hotel *Taube* zurück. Weiterer Zeitvertreib bot sich beim Kegeln, beim Kartenspielen und Lesen. Hemingway fand in der Abgeschiedenheit der winterlichen Landschaft genügend Ruhe zum Schreiben. «Wir liebten das Vorarlberg, und wir liebten Schruns. Wir fuhren gegen Ende November hin und blieben beinahe bis Ostern.»[48] Die Mahlzeiten bildeten auch hier besondere Höhepunkte im Tagesablauf:

```
Wir waren immer hungrig, und jede Mahlzeit war
ein großes Ereignis. Wir tranken helles oder dun-
kles Bier und junge Weine und manchmal Weine, die
ein Jahr alt waren. Die Weißweine waren am
besten. Andere Getränke waren Kirsch, der im Tal
gemacht wurde, und Enzianschnaps, der aus
Gebirgsenzian gebrannt wurde. Manchmal gab es zum
Mittagessen Hasenpfeffer mit einer üppigen Rot-
weinsauce und manchmal Wild mit Kastanienpüree.
Hierzu tranken wir Rotwein, obwohl er teurer war
als der Weißwein, und der allerbeste kostete
20 Cents pro Liter. Gewöhnlicher Rotwein war viel
billiger, und wir schafften ihn in kleinen Fäs-
sern zum Madlener Haus hinauf.⁴⁹
```

Hasenpfeffer

1 Hase (etwa 1,7 kg),
1 Bund Suppengrün,
je 1 TL Wacholderbeeren und Pfefferkörner,
½ l trockener Rotwein,
40 ml Rotweinessig,
150 g durchwachsener Speck,

Hasen am besten schon beim Kauf in Portionsstücke schneiden lassen. Suppengrün waschen oder schälen und grob würfeln. Mit Wacholder, Pfefferkörnern, Rotwein und Essig zum Hasen geben und alles etwa 24 Stunden an einem kühlen Ort marinieren. Dann die Hasenstücke herausnehmen und trockentupfen. Marinade durch ein Sieb gießen. Speck in kleine Würfel schneiden und in einem Schmortopf auslassen. Hasenteile im Speckfett rundherum kräftig anbraten, salzen und pfeffern. Mit dem Mehl bestäuben und leicht bräunen lassen. Die Marinade mit dem kleingeschnittenen Suppengrün dazugeben. Die Zwiebel schälen, mit den Nelken spicken und mit Lorbeer und Thymian ebenfalls dazugeben. Den Hasenpfeffer zugedeckt im heißen Ofen bei 180° etwa 1 ½ Stunden schmoren. Fleischstücke herausnehmen und in eine vorgewärmte Schüssel geben. Die Sauce absieben und wieder zum Kochen bringen, das Blut unterrühren. Sauce mit Salz und Pfeffer abschmecken und über die Hasenteile gießen.

*Salz,
Pfeffer,
2 EL Mehl,
eventuell ¼ l Fleischbrühe oder Wasser,
1 Zwiebel,
2 Gewürznelken,
1 Lorbeerblatt,
etwas frischer Thymian,
⅛ l frisches Hasenblut*

Siehe Rezept Seite 32.

Maronenpüree

Hemingway kehrte aus Vorarlberg als Schriftsteller nach Paris zurück, der erste größere Veröffentlichungen vorweisen konnte, die ihm jedoch finanziell noch kein Auskommen bescherten. In den Künstler- und Literatenkreisen hatte er sich dagegen mittlerweile den Ruf eines exzellenten Prosa-Stilisten erarbeitet, und sein schriftstellerisches Werk wurde, protegiert durch Ezra Pound und gelobt von James Joyce, ernst genommen. Mit Spannung sah man seiner weiteren Entwicklung entgegen.

Durch die Mitarbeit bei der neugegründeten Literaturzeitschrift *transatlantic review* von Ford Madox Ford lernte Hemingway viele einflußreiche Verleger, Rezensenten, Mäzenaten und Unternehmer kennen. Zusammen mit Hadley wurde er immer häufiger zu gesellschaftlichen Ereignissen, aber auch in die Ferien- und Sommerdomizile wohlhabender Gönner wie dem Ehepaar Gerald und Sara Murphy nach Cap d'Antibes eingeladen.

Trotz seines eigenen Aufstiegs setzte Hemingway sich in dieser Zeit nachhaltig für die Werke seiner literarischen Freunde ein: Er sorgte dafür, daß Gertrude Steins kompliziertes und umstrittenes Werk *The Making of Americans* in Fortsetzung im *transatlantic review* veröffentlicht wurde. Auch Joyces *Finnegans Wake* wurde hier unter der Rubrik *Work in Progress* fragmentarisch vorabgedruckt.

Edmund Wilson, der Hemingways Pariser Bände rezensiert hatte, stellte den Kontakt zu dem bereits berühmten Francis Scott Fitzgerald her, dem Autor des Romans *The Great Gatsby*. Ihn traf Hemingway erstmals in der *Dingo*-Bar in Paris, und schnell entstand eine Freundschaft zwischen beiden Männern, die später symbolisch für eine ganze Generation von Schriftstellern standen.

Im Frühling 1925 begleitete Hemingway Scott Fitzgerald nach Lyon, wo dieser sein Auto zum Cabriolet hatte umbauen lassen. Er mußte eine Nacht in einem Hotel in Lyon auf Fitzgerald warten, dann fuhren sie über Mâcon, die Côte d'Or und das Burgund nach Paris zurück. Sie hatten aus dem Hotel ein üppiges Picknicklunchpaket – «getrüffeltes Brathuhn, vorzügliches Brot und weißen Mâcon» – dabei, und außerdem kaufte Hemingway in Mâcon vier weitere Flaschen Wein, die er nach Bedarf entkorkte.[50]

Es regnete unentwegt, und da Fitzgerald fürchtete, in dem offenen Auto krank zu werden, blieben sie für eine Nacht in einem Hotel in Châlon sur Saône, wo ihnen ein exzellentes Abendessen serviert wurde:

```
Wir begannen mit sehr guten Schnecken und einer
Karaffe Fleurie, und als wir ungefähr halbwegs
durch waren, kam Scotts Gespräch. Er war ungefähr
eine Stunde fort, und ich aß schließlich seine
Schnecken, stippte die Butter, den Knoblauch und
die Petersiliensauce mit abgebrochenen
Brotstücken auf und trank die Karaffe Fleurie
aus. ... Er wollte Huhn essen. Wir hatten mit-
tags sehr gutes kaltes Huhn gegessen, aber dies
hier war noch berühmtes Hühnerland, also bestell-
```

ten wir *poularde de Bresse* und eine Flasche Montagny, einen leichten, angenehmen Weißwein aus der Gegend.[51]

Escargots bourguignonnes
(Schnecken auf Burgunder Art)

Die Schnecken auf ein Sieb geben, abspülen und gut trockentupfen. Knoblauchzehen schälen und zerdrücken, die Schalotten fein hacken. Die Butter mit dem Knoblauch, Schalotten, Petersilie, Salz und Pfeffer gut verrühren. Etwas von der Butter in die Schneckenhäuser geben, jeweils eine Schnecke hineinstecken und mit der restlichen Butter zustreichen. Mit Semmelbrösel bestreuen. Die Schneckenhäuser in der Schneckenpfanne, in die wenig Wasser gegeben wird, so anrichten, daß die Butter nicht auslaufen kann. Die Schneckenpfanne in den auf 225° vorgeheizten Backofen setzen, etwa 5 Minuten erhitzen, bis die Butter brodelt.

*12 Schnecken
(aus der Dose),
12 Schneckenhäuser,
2–3 Knoblauchzehen,
2 Schalotten,
100 g weiche Butter,
1 EL feingehackte
Petersilie,
Salz,
Pfeffer,
1–2 EL Semmelbrösel*

Poularde de Bresse mit Schalotten und Estragon

Poularde waschen und trocknen, mit einem scharfen Messer und der Geflügelschere in 8 Portionsstücke teilen. Rundherum mit Salz und Pfeffer einreiben. Schalotten schälen und ganz lassen. Knoblauch schälen und vierteln. Speck in kleine Würfel schneiden. Estragon waschen, die Blättchen abzupfen und etwa ⅔ davon fein hacken, die restlichen Blättchen zugedeckt beiseite legen. Butterschmalz in einem Schmortopf erhitzen. Die Poular-

*1 Poularde
(etwa 1,8 kg),
Salz, schwarzer Pfeffer,
250 g Schalotten,
2–4 Knoblauchzehen,
50 g durchwachsener
Speck,*

7–8 Zweige frischer Estragon,
2 EL Butterschmalz,
⅛ l trockener Weißwein,
⅛ l Hühnerbrühe,
2 EL Crème double,
¼ TL abgeriebene unbehandelte Zitronenschale

denstücke darin portionsweise rundherum kräftig anbraten und wieder herausnehmen. Speck, Schalotten und Knoblauch ins verbliebene Bratfett geben und unter Rühren 5 Minuten anbraten. Gehackten Estragon mit Wein und Brühe dazugeben, Poulardenstücke wieder einlegen und alles im vorgeheizten Backofen bei 200° 40–50 Minuten garen. Poulardenstücke aus dem Topf nehmen. Restlichen Estragon hacken und mit der Crème double in den Topf geben. Die Sauce mit Zitronenschale, Salz und Pfeffer abschmecken und mit den Poulardenteilen servieren.

Im April 1925 wurde Hemingways Kurzgeschichte *Der Unbesiegte* von der Zeitschrift *This Quarter* ausgezeichnet, und er wurde von dem schwerkranken Ernest Walsh, einem der Herausgeber, zu diesem Anlaß in «das beste und teuerste Lokal des Boulevard-Saint-Michel-Viertels»[52] eingeladen. Hemingway bewies als Feinschmecker viel Sachverstand, als er selbst «Austern, teuren, flachen, leicht kupfrigen *marennes*, nicht den üblichen tiefen billigen *portugaises* und eine(r) Flasche Pouilly Fuissé»[53] sowie Tournedos und Châteauneuf du Pape, den Vorzug gab.

```
Ich fing mit dem zweiten Dutzend flacher Austern
an, nahm sie von dem silbernen Teller, von ihrem
Lager von zerstampftem Eis, beobachtete ihre un-
glaublich zarten braunen Ränder, wie sie reagier-
ten und sich zusammenzogen, als ich Zitronensaft
auf sie träufelte und den Schließmuskel von der
Muschel loslöste und sie abhob, um sie bedächtig
herunterzuschlucken. ...
   Er wollte ein schönes blutiges Steak, und ich
bestellte zwei Tournedos mit Sauce Béarnaise. Ich
dachte, Butter würde gut für ihn sein.
   „Wie wär's mit einem Rotwein?" fragte er. Der
sommelier kam, und ich bestellte Châteauneuf du
Pape.⁵⁴
```

Siehe Austernkunde Seite 49.

Austern marennes

Tournedos mit Sauce béarnaise
(Rinderfiletscheiben)

Für die Béarnaise die Schalotten schälen und fein hacken. Pfefferkörner grob zerstoßen. Kräuter waschen, Blättchen abzupfen und beiseite legen, Stiele grob hacken. Diese Zutaten mit Wein und Essig zum Kochen bringen und so weit einkochen lassen, daß noch 3 EL Flüssigkeit übrigblieben. Durch ein Sieb gießen. Butter bei schwacher Hitze schmelzen, aber nicht braun werden lassen. Weißen Schaum abschöpfen, Butter in ein anderes Gefäß umgießen, so daß der weißliche Belag im Topf zurück bleibt. Eigelbe mit 3 EL heißem Wasser in einer Metallschüssel verquirlen, über dem heißen Wasserbad zu einer dickschaumigen Creme aufschlagen. Warme Butter nach und nach jeweils in kleinen Mengen unterschlagen. Würzsud ebenfalls hinzufügen. Kräuterblättchen fein hacken und untermischen, die Sauce mit Salz und Cayennepfeffer würzen und warm halten. Tournedos mit Salz und Pfeffer würzen. Öl in einer Edelstahlpfanne sehr heiß werden lassen. Fleisch pro Seite jeweils 1 Minute bei starker Hitze anbraten. Dann je nach gewünschtem Gargrad fertig garen: blutig (*very rare*): 2 Minuten pro Seite; blutig bis rosa (*rare*): 3 Minuten pro Seite; halbdurch (*medium*): 6 Minuten pro Seite. Das Fleisch mit der Sauce béarnaise servieren.

2 Schalotten,
1 TL weiße Pfefferkörner,
je etwa 10 Zweige frischer Estragon und Kerbel,
100 ml trockener Weißwein,
4 EL Weißweinessig,
250 g Butter,
3 Eigelbe,
Salz,
Cayennepfeffer,
4 Tournedos (Rinderfiletscheiben aus dem dickeren Teil, je etwa 3 cm dick und 180 g schwer),
schwarzer Pfeffer,
2–3 EL Öl

Zartes Gemüse mit Kerbelbutter

250 g Zuckerschoten,
250 g Frühlings-
zwiebeln,
250 g zarte Möhren,
1 Handvoll frischer
Kerbel,
Salz,
2 EL Butter,
weißer Pfeffer,
1 Prise frisch geriebene
Muskatnuß

Zuckerschoten waschen, Enden abknipsen, Fäden abziehen. Frühlingszwiebeln vom Wurzelansatz und den dunkelgrünen Teilen befreien und gründlich waschen. Der Länge nach vierteln oder halbieren. Möhren schaben oder schälen, putzen und ebenfalls der Länge nach vierteln. Lange Möhren noch einmal quer teilen. Kerbel verlesen, waschen, Blättchen von den Stielen zupfen. In einem weiten Topf etwa 3 cm hoch Wasser mit Salz zum Kochen bringen. Möhren darin zugedeckt etwa 2 Minuten garen. Dann Zuckerschoten und Frühlingszwiebeln hinzufügen und alles weitere 3–4 Minuten kochen lassen, bis das Gemüse bißfest ist. In einem Sieb kurz kalt abschrecken und abtropfen lassen. Butter in einer Pfanne mit dem Kerbel schmelzen. Gemüse untermischen und wieder heiß werden lassen. Mit Salz, Pfeffer und Muskat abschmecken und zu den Tournedos servieren.

Den Sommer 1925 verbrachten Ernest und Hadley gemeinsam mit Bill Smith, Harold Loeb und Donald Ogden Stewart in Pamplona. Auf dem Weg zur Fiesta machten Ernest und Bill noch einen Abstecher in die Pyrenäen, um in Burguete angeln zu gehen. Da es an ihrem Ankunftstag in den Bergen empfindlich kalt war, bestellten sie noch vor dem Abendessen einen Rumpunsch aufs Zimmer.

```
Ich ging hinaus und beschrieb der alten Frau, was
ein Rumpunsch sei und wie man ihn mache. Nach ein
paar Minuten brachte ein Mädchen einen steiner-
nen, dampfenden Krug ins Zimmer. Bill kam vom
Klavier her, und wir tranken den heißen Punsch
und horchten auf den Wind.
```

Pamplona 1925: Ernest Hemingway,
Harold Loeb, Lady Duff Twysden, Hadley,
Don Stewart, Pat Guthrie in Erwartung der Fiesta.

> „Na, zuviel Rum ist da nicht drin."
>
> Ich ging hinüber an den Schrank, holte die Rumflasche heraus und goß ein halbes Glas voll in den Krug. ...
>
> Das Mädchen brachte eine große, dampfende Schüssel mit Gemüsesuppe und Wein. Danach gab es gebackene Forellen, eine Art Zusammengekochtes und eine große Schüssel mit Walderdbeeren. Der Wein kostete uns nichts extra, und das Mädchen war zwar ein bißchen schüchtern, aber nett in der Art, wie sie ihn uns brachte. Einmal kam die alte Frau herein und zählte die leeren Flaschen.[55]

In Pamplona angekommen, entwickelte sich ein kompliziertes Beziehungsgeflecht, denn Hemingway flirtete hemmungslos mit der skandalumwitterten Engländerin Lady Duff Twysden, um deren Gunst auch Harold Loeb rivalisierte. Diese spannungsgeladene Konstellation lieferte die Vorlage für den Roman *Fiesta*, den Hemingway innerhalb von 6 Wochen niederschrieb. Im Roman wohnen die Protagonisten im Hotel *Montoya*, wo sie auch ihre erste gemeinsame Mahlzeit nach ihrem Eintreffen in Spanien zu sich nahmen. Hemingway schreibt über dieses Essen:

> Im *Montoya* gibt es zwei Eßzimmer. Eines ist oben im zweiten Stock mit der Aussicht auf den Platz. Das andere liegt eine Treppe tiefer als der Platz und hat eine Tür, die nach einer Seitenstraße geht, auf der die Stiere morgens früh, wenn sie in den Toril traben, vorbeikommen. In dem tiefgelegenen Eßzimmer ist es immer kühl, und wir aßen ausgezeichnet zu Mittag. Die erste spanische Mahlzeit ist immer eine Angelegenheit mit Hors-d'œuvres, einer Eierspeise, zwei Fleischgängen, Gemüsen, Salat, süßer Speise und Obst. Man muß ein gutes Quantum Wein trinken, um alles hinunterzuspülen.[56]

Nach der Fiesta setzten Ernest und Hadley ihre Spanienreise nach Madrid, Valencia und San Sebastián fort. Sie wohnten u.a. im *Hotel Montana* und im *Palace Hotel* und genossen Spanferkel-

Spezialitäten im Restaurant *Botín*. Hemingway begann noch im selben Monat mit der Niederschrift des Manuskripts seines ersten großen Romans. Er erschien unter dem Titel *The Sun Also Rises* bei Scribner's in New York und zwei Jahre später in deutscher Übersetzung mit dem Titel *Fiesta* bei Rowohlt. Der Roman wurde zu einem riesigen Erfolg und brachte Hemingway den ersehnten Durchbruch als Bestsellerautor.

Als Scribner's auf Hemingway aufmerksam wurde, hatte dieser soeben einen Vertrag bei Sherwood Andersons Stammverlag Boni & Liveright abgeschlossen, der bereits *In unserer Zeit* verlegt hatte. Da Hemingway auf Empfehlung Scott Fitzgeralds die Kooperation mit Maxwell Perkins, einem begnadeten Lektor des angesehenen Verlags Scribner's, vorzog, griff er zu einem menschlich fragwürdigen, aber karrierefördernden Mittel. Mit *Sturmfluten des Frühlings* schrieb er eine bitterböse Parodie auf Andersons *Dunkles Lachen*. Er brüskierte und kränkte damit nicht nur seinen früheren Förderer und Freund, sondern erreichte auch, daß man ihn aus seinen Verpflichtungen bei Boni & Liveright entließ. Damit war der Weg zu Scribner's frei, wo er von nun an sämtliche Romane unter der Betreuung von Perkins publizierte.

Sturmfluten des Frühlings ist die einzige Persiflage, die Hemingway jemals verfaßt hat, und ist darüber hinaus die einzige Erzählung, in der er sich in weiten Teilen direkt an seine Leser wendet. Auch hier ist die Schilderung eines opulenten Festmahls enthalten, das sich Hemingway in diesem Fall mit John Dos Passos teilt:

```
Für den Fall, daß es irgend welchen historischen
Wert haben sollte, berichte ich mit Vergnügen,
daß ich das vorherige Kapitel in zwei Stunden
direkt in die Maschine geschrieben habe und dann
mit John Dos Passos, den ich für einen sehr
kraftvollen Schriftsteller und außerdem für einen
mächtig netten Kerl halte, essen gegangen bin.
Dieses ist im Land als gegenseitige Beweihräuche-
rung bekannt. Wir aßen Rollmops, Sole Meunière,
```

Civet de Lièvre à la Cocotte, Marmelade de Pommes, und wir spülten das Ganze, wie wir zu sagen pflegten (was, lieber Leser?), mit einer Flasche Montrachet 1919 zur Seezunge hinunter und einer Flasche Hospice de Beaune 1919 pro Person zum Hasenpfeffer. Mr. Dos Passos teilte mit mir, soweit ich mich erinnere, eine Flasche Chambertin zur Marmelade de Pommes (zu deutsch Apfelmus). Wir tranken zwei Vieux Marcs, und nachdem wir beschlossen hatten, nicht ins *Café du Dôme* zu gehen und über Kunst zu reden, gingen wir jeder zu sich nach Hause, und ich schrieb das folgende Kapitel.[57]

Seezunge im Mantel

8 kleine Seezungenfilets,
Salz,
Zitronensaft,
2 Eier,
1 EL Öl,
1/8 l helles Bier,
100 g Mehl,
60–80 g Butter

Die Fischfilets kalt abspülen, trockentupfen, salzen und mit Zitronensaft beträufeln. Die Eier trennen. Eigelbe, Öl, 1 Prise Salz, Bier und Mehl zu einem Teig verrühren. Eiweiß steif schlagen und unterziehen. Die Seezungenfilets in den Teig tauchen und in der Pfanne in dem heißen Fett von beiden Seiten 2–3 Minuten goldbraun braten.

Tip: Grünen Salat und Kartoffelsalat dazu servieren.

Hasenpfeffer

Siehe Rezept Seite 86.

Apfelmus

Die Äpfel schälen, vierteln und vom Kerngehäuse befreien. Mit Wasser, Zucker und Zitronenschale zum Kochen bringen, zugedeckt bei schwacher Hitze in etwa 15 Minuten weich kochen. Durch ein Sieb streichen oder mit dem Kartoffelstampfer zerdrücken, eventuell mit Zimt abschmecken.

500 g Äpfel,
¼ l Wasser,
80 g Zucker,
etwas Zitronenschale,
evtl. Zimt

Obwohl Ernest und Hadley die Wintermonate wiederum im Hotel *Taube* in Schruns verbrachten und trotz ihres gemeinsamen Aufenthalts an der französischen Riviera bei den Murphys im darauffolgenden Jahr, lebten sie sich immer mehr auseinander. Hadley bemühte sich sehr, die Zuneigung ihres Mannes zurückzugewinnen – ihre Ehe war jedoch nicht mehr zu retten. Ernest verliebte sich überdies in die Modejournalistin Pauline Pfeiffer, die ebenfalls zum lockeren Freundeskreis der Fiestabesucher gehört hatte, und begann eine Affäre mit ihr. Anfang 1927 wurde die Ehe von Ernest und Hadley Hemingway geschieden.

Ernest und Pauline Pfeiffer, frisch verheiratet.

Im Garten Eden
Kosmopolit und Bonvivant

Ernest und Pauline heirateten am 10. Mai 1927 in der katholischen Kirche am Place Victor Hugo in Paris und bezogen eine Wohnung in der Rue Férou. Ihre Flitterwochen verbrachten sie in Südfrankreich und Spanien, u. a. in Le-Grau-du-Roi und La Napoule sowie in Madrid und Santiago de Compostela. Hemingway verarbeitete seine Gefühle und die Erlebnisse dieser abwechslungsreichen Reise in dem postum erschienenen Roman *Der Garten Eden*. In diesem äußerst sensibel geschriebenen Werk ist es wiederum das Essen, das die beiden Protagonisten David und Catherine miteinander verbindet und eine gewisse sinnliche Stimmung verbreitet.

Sie hatten Hunger aufs Mittagessen; die Flasche Wein war kalt, und sie tranken ihn zu der Sellerie-Remoulade, den kleinen Radieschen und den selbsteingelegten Pilzen aus dem großen Glastopf. Der Barsch war gegrillt und hatte die Streifen vom Rost auf seiner silbrigen Haut, und die Butter schmolz auf der heißen Platte. Es gab Zitronen in Scheiben, die man über den Barsch träufeln konnte, und frisches Brot aus der Bäckerei, und der Wein kühlte ihre von den heißen Bratkartoffeln erhitzten Zungen. Es war ein guter, leichter, trockener und spritziger Weißwein, der Stolz des Restaurants.[58]

Eingelegte Pilze

800 g kleine Champignons oder braune Egerlinge,
4 Knoblauchzehen,
100 g Perlzwiebeln oder sehr kleine Schalotten,
1 unbehandelte Zitrone,
je einige Zweige frischer Rosmarin und Thymian,
2 EL Olivenöl,
⅛ l trockener Weißwein,
⅛ l Wasser,
2 Lorbeerblätter,
1 TL Pfefferkörner,
Salz

Pilze mit Küchenpapier sauber abreiben und von den Stielenden befreien. Knoblauchzehen schälen und halbieren. Perlzwiebeln schälen (das geht leichter, wenn man sie kurz mit kochendem Wasser überbrüht und kalt abschreckt). Zitrone heiß waschen und ein langes Stück Schale abschneiden. Zitrone dann auspressen. Kräuter waschen und von den Stielen streifen bzw. zupfen. Öl in einem Topf erhitzen. Pilze darin bei starker Hitze unter Rühren etwa 5 Minuten braten. Zwiebeln und Knoblauch kurz mitbraten. Mit Wein und Wasser aufgießen, Lorbeerblätter, Pfefferkörner und Kräuter dazugeben. Salzen und zugedeckt bei mittlerer Hitze etwa 10 Minuten köcheln lassen. Dann im Sud erkalten lassen und anschließend mindestens 6 Stunden marinieren.

Frisch vom Markt kleine, zarte Radieschen einkaufen und auf dem Vorspeisenteller mit anrichten.

Gegrillter Barsch mit Sellerie-Remoulade

1 Stück Knollensellerie (etwa 150 g),
Salz,
1 ganz frisches Eigelb,
1 TL Senf,
100 ml Sonnenblumenöl,
2 EL Zitronensaft,
2 EL Joghurt,

Sellerie schälen und in Scheiben von etwa ½ cm Dicke schneiden. Die Scheiben in kochendem Salzwasser 5 Minuten zugedeckt garen, bis der Sellerie bißfest ist. Abtropfen und abkühlen lassen. Inzwischen Eigelb mit Senf und Salz mit dem Handrührgerät gut aufschlagen. Öl zuerst tropfenweise, dann in dünnem Strahl hinzufügen, bis eine cremige Mayonnaise entstanden ist. Mit knapp 1 TL Zitronensaft und Joghurt mischen. Sardellenfilet sehr fein hacken. Kapern grob hacken, Gurken fein würfeln. Ei pellen und fein hacken, Kräuter waschen und ebenfalls fein hacken. Sellerie in kleine Würfel schneiden. Alles unter die Mayonnaise mischen und mit Salz abschmecken. Fisch kalt abspülen und trockentupfen. Butter zerlassen, mit dem übrigen Zitronensaft mischen. Fischfilets salzen und pfeffern und mit der Zitronenbutter bepinseln. Backofen oder Holzkohlengrill vorheizen. Fisch unter den heißen Grill schieben oder auf Alufolie auf den heißen Grillrost legen und pro Seite 5–6 Minuten grillen. Mit der Remoulade und Bratkartoffeln servieren.

1 Sardellenfilet,
1 EL Kapern,
1–2 Gewürzgurken,
1 hartgekochtes Ei,
je einige Zweige
Petersilie, Dill und
Schnittlauch,
4 Stücke Flußbarsch
oder Viktoriabarsch
(je etwa 180 g),
1 EL Butter,
frisch gemahlener
weißer Pfeffer

Bratkartoffeln

Siehe Rezept Seite 58.

Nach dem Besuch der Camargue fahren David und Catherine nach La Napoule in der Nähe von Cannes. Hier wartet David in einem Café auf Catherine.

```
Im Café fand er die Morgenzeitung und die Pariser
Zeitungen vom Vortag, trank seinen Kaffee mit
Milch und aß Bayonner Schinken und ein großes,
schönes frisches Ei dazu, das er leicht mit grob-
gemahlenem Pfeffer bestreute und mit ein wenig
Senf bestrich, bevor er den Dotter anstach. Da
Catherine noch immer nicht gekommen war und ihr
Ei in Gefahr geriet, kalt zu werden, aß er auch
dies, und dann tupfte er den flachen Teller mit
einem Stück frischgebackenen Brotes sauber.[59]
```

Genauso wie David in *Der Garten Eden* liebte es auch Hemingway, frühmorgens irgendwo in einem Café zu frühstücken, die Tageszeitungen zu lesen, dann durch die Stadt zu schlendern, um hier und da etwas zu trinken, während Pauline noch schlief oder diese Zeit in den örtlichen Museen verbrachte.

In Madrid wohnen David und Catherine im *Palast Hotel*. Vor dem Essen bestellen sie sich als Apéritif einen Natur-Sherry, einen *Manzanilla*. Hierzu serviert man ihnen als Häppchen die ausgesuchtesten spanischen Spezialitäten:

```
Der Kellner brachte ihnen Gläser mit Manzanilla
aus dem Tiefland bei Cádiz, das Las Marismas
hieß, dazu dünne Scheiben jamón serrano, ein rau-
chiger, stark gepökelter Schinken von Schweinen,
die mit Eicheln gemästet wurden, hellrote würzige
salchichón, eine noch würzigere, dunkle Wurst aus
einer Stadt namens Vich, Sardellen und Knoblauch-
Oliven. Das aßen sie und tranken noch mehr von
dem Manzanilla, einem leichten, nach Nuß
schmeckenden Wein.[60]
```

Catherine bestellt auf Empfehlung des Kellners danach noch einen Gazpacho:

```
Er kam in einer großen Schale; in der grob ge-
pfefferten Flüssigkeit, die leicht nach Öl und
Essig schmeckte, schwammen Eisstücke, Scheiben
knackiger Gurken und Tomaten, grüner und roter
Paprika. Dazu gab es Knoblauchbrot.
   „Eine Salatsuppe", sagte Catherine. „Schmeckt
köstlich."[61]
```

Spanische Vorspeisenplatte

*Serranoschinken in dünnen Scheiben,
Chorizo (spanische Paprikawurst in dickeren Scheiben),
Sardellen in Öl,
eingelegte Peperoni,
Knoblauch-Oliven,
geröstete Mandeln*

Schinken, Wurst, Sardellen und Peperoni können Sie fertig kaufen und dekorativ auf einer Platte oder in Schälchen anrichten. Für die Oliven 2–3 Knoblauchzehen schälen und sehr fein hacken. ½ Bund Petersilie ebenfalls fein hacken, beides mit 1 EL Olivenöl, etwas Salz und Pfeffer unter fleischige grüne Oliven mischen und einige Stunden durchziehen lassen. Für die Mandeln ganze Mandeln mit kochendem Wasser überbrühen, abschrecken und aus den Häuten drücken. Mandeln abtrocknen und mit 2 EL Olivenöl, Salz und eventuell auch etwas Chilipulver in einer feuerfesten Form mischen. Im Ofen bei 180° 40–60 Minuten rösten, bis sie gebräunt sind. Dabei immer mal wieder durchrühren. Zu den Vorspeisen gibt es außerdem frisches Weißbrot und eventuell Gurkenscheiben und Tomatenachtel.

Gazpacho
(Kalte Gemüsesuppe)

*150 g Weißbrot,
100 ml Olivenöl,
500 g Tomaten,
1 Salatgurke,
1 milde weiße Zwiebel,
je 1 rote und grüne Paprikaschote,
4 Knoblauchzehen,
2 EL Rotweinessig,
1 Prise gemahlener Kreuzkümmel,
Salz,
Eiswürfel zum Anrichten*

Vom Weißbrot 50 g beiseite legen, den Rest grob zerpflücken und mit 80 ml Öl gemischt beiseite stellen. Tomaten kreuzweise einritzen, mit kochendem Wasser überbrühen, abschrecken und häuten. 1 Tomate klein würfeln und beiseite legen, den Rest grob hacken. Die Salatgurke schälen, der Länge nach halbieren und die Kerne mit einem Löffel herauskratzen. ¼ der Gurke sehr fein würfeln und beiseite stellen, den Rest grob zerschneiden. Zwiebel schälen und ebenfalls grob hacken. Paprikaschoten waschen, halbieren und putzen. Von beiden Schoten ¼ sehr fein würfeln, den Rest grob zerkleinern. Knoblauch schälen. Grob zerkleinertes Gemüse mit dem eingeweichten Brot, der Zwiebel und dem Knoblauch in den Mixer geben und sehr fein pürieren. Mit etwa ¼ l Wasser zur gewünschten Konsistenz auffüllen. Mit Essig, Kreuzkümmel und Salz abschmecken und mindestens 1 Stunde kühl stellen. Dann das übrige Brot würfeln und im restlichen Öl knusprig braten. Alle fein geschnittenen Gemüse in kleinen Schälchen anrichten. Gazpacho nochmals durchrühren und eventuell nachwürzen. Dann in eine Schüssel füllen und einige Eiswürfel untermischen. Bei Tisch schöpft jeder etwas Gazpacho in seinen Suppenteller und streut nach Belieben Tomaten, Gurken, Paprika und Brot darüber.

Knoblauchbrot

1 italienisches Weißbrot oder Baguette,
4 Knoblauchzehen,
5–8 EL Olivenöl,
Salz

Das Brot in knapp 1 cm dicke Scheiben schneiden und nebeneinander auf ein Backblech legen. Im Ofen bei 250° 4–5 Minuten backen, bis das Brot knusprig ist. Knoblauchzehen schälen und die knusprigen Brotscheiben damit einreiben. Das Brot funktioniert wie eine Reibe. Mit Öl beträufeln, nach Wunsch salzen und heiß essen.

Die ausgedehnten Reisen durch Europa setzte Ernest auch mit seiner zweiten Frau fort. *Fiesta* wurde ein Bestseller, und dieser Erfolg schlug sich endlich auch in ökonomischer Hinsicht für Hemingway nieder. Nun reisten sie zum Skilaufen nach Gstaad und zum Sechs-Tage-Rennen nach Berlin, wo sie im Hotel *Kaiserhof* untergebracht waren. Hemingway traf sich bei dieser Gelegenheit wie später noch häufiger mit Ernst Rowohlt, der in den nächsten Jahren das gesamte Romanwerk und *Fiesta* bereits 1928 in Deutschland veröffentlichte.

Das Jahr 1928 war durch zwei einschneidende familiäre Ereignisse geprägt: von der schwierigen Geburt des zweiten Sohnes Hemingways und dem Selbstmord des Vaters Ed.

Zunächst machte das Ehepaar Hemingway jedoch Anfang des Jahres auf Empfehlung ihres Freundes John Dos Passos Urlaub in

Nach dem Erfolg von *Fiesta*: Hemingway beim Skilaufen in Gstaad, 1927.

Key West, an der Südspitze Floridas. Obwohl Key West zu jener Zeit eher provinziell und unattraktiv war, hatten es die Karibik und vor allem die Hochseefischerei Hemingway bald angetan, und so beschloß er, sich vorläufig hier niederzulassen.

Im Sommer besuchten Pauline und er die neuen Schwiegereltern in Arkansas, bevor am 28. Juni 1928 ihr erster gemeinsamer Sohn Patrick in Kansas City zur Welt kam. Fieberhaft arbeitete Hemingway unterdessen an der Fertigstellung seines Manuskriptes *In einem andern Land*. Im November desselben Jahres kehrten sie nach Key West zurück, wo Hemingway das Hochseeangeln und Ausflüge nach Kuba und zu den Tortuga-Inseln genoß. Bald hatte er viele Freunde und Bekannte in Key West, mit denen er sich oft in der heruntergekommenen und leicht verruchten *Sloppy Joe's Bar* oder in *Freddy's Bar* traf.

Den größten Teil des darauffolgenden Jahres verbrachte das Paar dann wieder in Europa. Sie unternahmen eine ausgedehnte Spanienrundreise und hielten sich eine Weile in Paris auf. He-

mingway ging besonders gern ins *Select*, weil er dort viele seiner alten Bekannten wiedertraf. Im September 1929 erschien sein zweiter Roman *In einem andern Land*, der genau wie *Fiesta* innerhalb weniger Wochen zum Bestseller avancierte und Hemingway zu einem äußerst populären Schriftsteller werden ließ.

Im Januar 1930 siedelten Pauline und Ernest endgültig nach Key West über. Hier beendete Hemingway die Arbeit an *Tod am Nachmittag*, einem der drei Romane, der keine Fiktion, sondern realistische Erlebnisse wiedergibt. Gegenstand sind seine Spanienreisen und die Faszination für die Metaphysik des Stierkampfs. Detaillierte Schilderungen sollten die amerikanischen Leser mit der Kunst der Matadore und der *corridas* vertraut machen. Um Einblick in das bunte Bild einer Fiesta zu geben, durften die Beschreibungen regionaler kulinarischer Spezialitäten, von denen Hemingway stets reichlich gekostet hatte, nicht fehlen. Neben Madrid, Pamplona und Sevilla empfiehlt er dem Leser auch einen Besuch von Aranjuez, Ronda und Valencia:

```
Aranjuez ist von Madrid auf einer billardglatten
Straße nur 47 Kilometer entfernt. ... und wenn
Sie aus der heißen Sonne des kahlen, verlassenen
Landes kommen, sehen Sie plötzlich im Schatten
der Bäume braunarmige Mädchen mit Körben, die auf
dem glatten, kahlen, kühlen Boden aufgetürmt
sind, voller frischer Erdbeeren, die man nicht
mit Daumen und Zeigefinger umspannen kann, feucht
und kühl auf grüne Blätter in Weidenkörbe
gepackt. Die Mädchen und alten Frauen verkaufen
diese und Bündel des wunderbarsten Spargels, jede
Stange so dick wie ihr Daumen .... Sie können
in Buden essen, wo Steaks gegrillt werden und
Hühner über einem Holzkohlefeuer am Spieß braten,
und so viel Valdepeñas für 5 Pesetas trinken, wie
Sie vertragen können.[62]
```

Ronda empfiehlt er, um das erste Mal einen Stierkampf zu erleben oder als romantische Kulisse für Paare, die auf Hochzeitsreise sind:

Das Ehepaar Hemingway bei einer Mittagspause mit Arnold Samuelson.

Es gibt eine Stadt, die besser als Aranjuez ist,
um Ihren ersten Stierkampf zu sehen, hauptsächlich wenn Sie nur einen sehen werden, und das ist
Ronda. Dahin müssen Sie fahren, wenn Sie je nach
Spanien auf Hochzeitsreise gehen oder wenn Sie
mit irgendwem durchbrennen. Die ganze Stadt, und
so weit, wie Sie in jeder Richtung sehen können,
ist romantischer Hintergrund, und es gibt dort
ein Hotel, das so bequem ist, so gut geführt wird
und wo man so gut ißt und wo gewöhnlich nachts
eine kühle Brise weht, daß, wenn eine Hochzeitsreise oder eine Entführung mit dem romantischen
Hintergrund und dem modernen Komfort in Ronda
kein Erfolg ist, Sie geradesogut nach Paris aufbrechen und beide anfangen können, sich ihren
eigenen Freundeskreis zu schaffen. Ronda hat alles, was man sich für einen derartigen Aufenthalt
wünscht, romantische Szenerie, die man notfalls
sehen kann, ohne das Hotel zu verlassen, wunderbare kurze Spaziergänge, guten Wein, herrliche
Fischgerichte, ein ausgezeichnetes Hotel, sozusa-
gen nichts anderes zu tun, zwei ortsansässige
Maler, die Ihnen Aquarelle verkaufen werden, die
man sich als hübsche Erinnerung an das Erlebnis
einrahmen lassen kann, aber wahrhaftig - trotz
allem ist es ein wunderbarer Ort.[63]

Auch Valencia ist trotz der Hitze einen Besuch wert:

Valencia ist heißer, was Temperatur anlangt, und
tatsächlich heißer, wenn der Wind aus Afrika
bläst, aber dort können Sie immer nachts mit
einem Omnibus oder der Elektrischen zum Hafen von
Grao hinausfahren und am öffentlichen Strand
schwimmen oder, wenn es zum Schwimmen zu heiß
ist, sich mit so wenig Anstrengung wie möglich
hinaustreiben lassen und in dem kaum kühlen
Wasser liegen und die Lichter beobachten und die
Dunkelheit der Boote und die Reihe von Eßbuden
und Schwimmkabinen. In Valencia kann man auch,
wenn es am heißesten ist, am Strand unten für ein
oder zwei Peseten in einem der Eßzelte essen, wo

einem Bier und Garnelen und eine *paella* aus Reis,
Tomaten, süßen Pfefferschoten, Safran und gutem
Meergetier, Schnecken, Krebsen, kleinen Fischen,
kleinen Aalen, alles zusammen in einer safran-
gelben Form gekocht, serviert wird. ... Drei
dieser Eßbuden am Strand heißen Granero ...[64]

Im zweiten Teil von *Tod am Nachmittag* empfiehlt der Autor spanische Vorspeisen, die damals noch rar auf den internationalen Speisekarten waren:

Tapas. Deckel. So genannt, weil sie ursprünglich
über das Glas gelegt wurden, anstatt wie jetzt
auf kleinen Tellern serviert zu werden, sind die
Appetithappen von geräuchertem Lachs, Thunfisch
und süßen roten spanischen Pfefferschoten,
Sardinen, Anchovis, geräuchertem Sierraschinken,
Wurst, Meergetier, gerösteten Mandeln, mit
Anchovis gefüllten Oliven, die zum Manzanilla
oder Wermut in Cafés, Bars oder Bodegas unent-
geltlich serviert werden.[65]

Wie in Paris, fand Hemingway auch in Spanien seine Lieblingslokale. Er wußte genau, wo er mit einem kühlen, frisch gezapften Bier seinen Durst löschen konnte. Ein solches Bierlokal ist die *Cervecería Alvárez*. In *Tod am Nachmittag* vergleicht er die verschiedenen Biersorten in den unterschiedlichsten Lokalen Spaniens miteinander:

Es gibt beinahe in ganz Madrid gutes Bier vom
Faß, aber das beste bekommt man in der *Cervecería
Alvárez* in der Calle de Victoria. Bier vom Faß
wird in Halblitergläsern serviert, die *dobles*
heißen, oder in Schoppen, die *cañas, cañitas* oder
medias heißen. Die Madrider Brauereien sind von
Deutschen gegründet worden, und hier gibt es das
beste Bier in Europa außerhalb Deutschlands und
der Tschechoslowakei. Das beste Flaschenbier in
Madrid ist das *Aguilar*. In den Provinzen wird

gutes Bier, das *Cruz Blanca*, in Santander und in
San Sebastián gebraut. Dort gibt es das beste
Bier, das ich getrunken habe, im *Café de Madrid*,
im *Café de la Marina* und im *Café Kutz*. In Valencia gibt es das beste Bier vom Faß, im Hotel *Valencia*, wo es eiskalt in großen Glaskrügen serviert wird. Das Essen in diesem Hotel ist
vorzüglich, aber es bietet nur sehr bescheidene
Unterkunft. In Pamplona gibt es das beste Bier im
Café *Kutz* und im Café *Iruña*.[66]

Zum Bier oder zum Absinth aß Hemingway gern *Mariscos*, eine Mischung verschiedener kleiner Krustentiere:

Mariscos. Krustentiere, die man im Café, während
man Bier trinkt, vor oder nach dem Stierkampf
ißt; die besten sind *percebes*, eine Art von
Entenmuscheln mit einem schmackhaften Stiel von
sehr zartem und köstlichem Geschmack,
longostinos, große, plumpe, übergroße Mittelmeergarnelen; *cigalas*, ein rosa-weißes, langes,
schmalscheriges Mitglied der Hummerfamilie, deren
Scheren und Schwänze man mit einem Nußknacker
oder einem Hammer aufknackt; *cangrejos des río*,
écrivisses oder Süßwasser-Krebse, die mit ganzen
schwarzen Pfefferkörnern in den Schwänzen gekocht
werden, und *gambas* oder gewöhnliche Krabben, die
in ihren Schalen serviert werden, die man mit den
Fingern auspult und ißt.[67]

Am 11. November 1931 wurde Hemingways dritter Sohn, Gregory Hancock, wiederum in Kansas City geboren. Wenige Monate nach der Geburt begab sich Hemingway, der sich stets rast- und ruhelos getrieben fühlt und vielleicht auch dem häuslichen Kindergeschrei entfliehen möchte, gemeinsam mit Joe Russell, dem Besitzer seiner Stammkneipe in Key West, auf eine ausgedehnte Angeltour nach Kuba. Hier machte Joe Ernest mit Jane Mason bekannt, die sowohl seine Trink- als auch Angelleidenschaft teilte und bald eine gute Freundin wurde. Hemingway

In der *Floridita Bar* in Havanna mit Arnold Samuelson *(links)* und Gianfranco Ivancich *(rechts)*. Hier wurde Hemingway angeblich zum ersten Mal ein «Daiquiri» gemixt.

wollte auch in Kuba seine alten Freunde um sich haben. In einem Brief versucht er John Dos Passos zu überreden, seinen Urlaub im Hotel *Ambos Mundos* zu verbringen:

```
In diesem Hotel - Ambos Mundos - kann man ein
gutes sauberes Zimmer mit Bad bekommen, mit Aus-
blick auf Hafen und Kathedrale - man kann die
ganze Hafeneinfahrt und das Meer für 2,00 Dollar
überblicken - 2,50 für zwei Personen. Schreib Dir
den Namen auf ...[68]
```

Wenn Hemingway tagsüber nicht arbeitete, angelte er gern mit Joe. Die Abende verbrachte er – in Gesellschaft von Jane Mason – in der *Floridita Bar*, in der *Cunard Bar* oder der *Perla Bar*, in der *Bodequita del Medio* oder in einem der vielen Tanzlokale. Die *Floridita Bar* nimmt für sich in Anspruch, den bekannten Cocktail *Daiquiri* zuerst gemixt zu haben. Auch in Havanna wurden in den Bars und Cafés Snacks zu den Getränken gereicht. In *Inseln im Strom*, das 1971 postum von Mary Welsh, veröffentlicht wurde, schreibt Hemingway über die Snacks in der *Floridita Bar*.

"Señor Tomás, wollen Sie nicht etwas essen zu Ihren Drinks? *Un poco de pescado*? *Puerco frito*? Kaltes Fleisch?"

"Si", sagte Thomas Hudson, "egal, was es ist."

Serafin stellte eine Platte mit Schweinefleischstückchen auf die Theke, braun und knusprig gebacken, und einen Teller roter Brassen, die in Butter gebacken waren, so daß ihre rote Haut mit einer gelben Kruste überzogen war, aus der das weiße, süße Fischfleisch hervorsah. Serafin war ein großer Bursche, der grob dahinredete, ohne daß etwas Gemachtes daran war, und er trampelte in seinen Holzschuhen herum, die er wegen der Nässe und des Spülwassers hinter der Bar trug.

"Wollen Sie noch etwas kaltes Fleisch?"

"Nein, das reicht."

"Nimm alles, was sie dir geben, Tom", sagte Honest Lil. "Du kennst sie doch hier."

Die Bar war bekannt dafür, daß sie niemals jemanden freihielt, auf der anderen Seite gab sie ungezählte Teller voll heißer Snacks aus, ohne sie zu berechnen. Nicht nur Bratfisch und Schweinefleisch, sondern auch kleine Fleischklößchen, Sandwiches, mit Käse und Schinken überbacken. Außerdem mixten die Barmixer die Daiquiris in riesigen Shakers, die wenigstens noch anderthalb Drinks enthielten, wenn sie die Gläser vollgegossen hatten.[69]

Hemingway stellte auch eigene Mixgetränke zusammen. So soll er auf Kuba einen Cocktail namens *Mojito* erfunden haben, dessen Rezept aus einem halben Teelöffel Zucker, dem Saft einer halben Limone, frischer, grüner Minze, einem guten Schuß Havanna Rum und etwas Soda besteht. Die Bar *Bodequita del Medio* rühmt sich, Hemingway habe dort zum ersten Mal diesen Drink gemixt.

Die grünen Hügel Afrikas
Luxus am Lagerfeuer

Trotz des vordergründig zufriedenen und behaglichen Lebens in Luxus und Komfort auf seinem großen Anwesen in Key West verließ Hemingway die Ruhelosigkeit des Abenteurers nicht. Nach wie vor war er auf der Suche nach neuen exzessiven Erfahrungen, ohne dabei Rücksicht auf die eigenen körperlichen und psychischen Grenzen zu nehmen.

So beschloß er, dem häuslichen Frieden den Rücken zu kehren, und trat mit Pauline im November 1933 die Reise nach Marseille an, von wo aus sie zu einer viermonatigen Safari nach Ostafrika aufbrachen.

Afrika, insbesondere die Serengeti und das Gebiet um den Ngorongoro-Krater, übertraf Hemingways sämtliche Erwartungen: Seine Verbundenheit mit ursprünglicher Natur und seine Jagdleidenschaft fanden in der überwältigenden Landschaft mit ihrem ungeheuren Wildreichtum eine ideale Erfüllung.

Auch im Zeltlager mitten in der Wildnis brauchten die Safariteilnehmer nicht auf gutes Essen und gekühlte Getränke zu verzichten. In *Die grünen Hügel Afrikas*, einer Wiedergabe seiner Afrika-Erlebnisse, schreibt Hemingway, daß sie u. a. «frische, ungesalzene Butter, Grant-Gazellenkoteletts, Kartoffelbrei nach Wiener Rezept und junge Maiskolben und dann gemischten Kompott zum Nachtisch»[70] aßen. Ein anderes Essen mit den Safariteilnehmern ruft Erinnerungen an Hemingways Jugend in den Wäldern Michigans wach. Seine meisterhafte Wiedergabe solcher stimmungsvollen Augenblicke kommen in dieser Szene zum Ausdruck:

Mit Kudu-Gehörnen in Kibaya, Tanganjika, 1934.

Es war mir zu umständlich, auf dem Benzinkanister
zu sitzen, und ich breitete meinen Regenmantel am
Boden vor dem Feuer aus, wo die Erde von der
Hitze getrocknet war, und streckte die Beine von
mir und lehnte mich mit dem Rücken gegen die
Holzkiste. ... Nach kurzer Zeit kamen sie alle
an, trugen Fleisch und die Häute, und dann lag
ich ausgestreckt da, trank mein Bier und beobachtete das Feuer, und um mich herum unterhielten
sich alle und rösteten ihr Fleisch an Stöcken. Es
wurde kalt, und die Nacht war klar, und man roch
den Geruch von gebratenem Fleisch, den Geruch von
dem Rauch des Feuers, den Geruch von meinen damp-
fenden Stiefeln und dort, wo er in der Nähe
hockte, den Geruch von dem guten ollen
Wandorobbo-Massai. ...
   Jeder Mann hatte sein eigenes Stück Fleisch oder
eine Reihe von Fleischstücken auf Stöcken, die um
das Feuer in den Boden gerammt waren; sie drehten
sie und paßten auf sie auf, und es wurde viel
geredet. ... Ich aß ein Stück heiße gebratene
Leber, die ich von einem der Stöcke des
Wandorobbo-Massai abgezogen hatte, und überlegte,
wo wohl die Nieren waren. Die Leber war
köstlich.[71]

Ihr Führer, der legendäre Jäger Philip Percival – er hatte bereits
Theodore Roosevelt auf Safari begleitet –, führte sie in wildreiche
Gegenden, wo gute Aussichten auf lohnende Jagdtrophäen be-
standen. In der Serengeti-Ebene erlegten sie Löwen und Antilo-
pen, Leoparden und Gazellen, bewunderten den Mount Kenia
und den Kilimandscharo. Auf einem dieser Streifzüge machten
sie in Babati, das an einem See liegt, halt, um Proviant einzukau-
fen. Abends ließen sie sich im Hotel die Enten und Perlhühner
zubereiten, die sie tagsüber auf dem See gejagt hatten:

Die Jagd war für alle gut gewesen, aber am besten
war es draußen auf dem See, und noch drei Tage
später auf der Fahrt aßen wir kalte Krickente,
die beste Entenart, die es gibt, fleischig und

> zart, kalt, mit Pan-Yan-Pickles, und tranken Rotwein, den wir in Babati gekauft hatten. ... Perlhühner waren okay, und ich hatte jetzt eines in der Freßkiste hinten im Auto, das ich heute abend essen würde, aber diese Krickenten waren weitaus am besten.[72]

Mitten in der Wildnis erkrankte Hemingway an Amöbenruhr. Er unterbrach die Safari, um sich in Nairobi von einem Arzt behandeln zu lassen, flog jedoch bereits vier Tage nach der Behandlung wieder zurück nach Aruska in Tanganjika, wo er auf die übrige Safarigruppe stieß. Zwei meisterhafte Erzählungen, *Schnee auf dem Kilimandscharo* und *Das kurze glückliche Leben des Francis Macomber*, wurden von dieser afrikanischen Reise inspiriert und mit vielen realen Erinnerungen und Erlebnissen gespickt. Beide wurden später in Hollywood verfilmt.

Noch während der Expedition berichtet Hemingway in Form von Briefen und Reiseberichten für die Zeitschrift *Esquire* von seinen Afrika-Abenteuern. Jagderlebnisse blieben auch später das zentrale Thema von ausführlichen Reportagen. So schilderte er in der Depesche *Vögel, Flügel, Wiedersehen* vom Februar 1935 die Vogeljagd in Europa. Ob Wachteln, Birkhühner, Rebhühner, Sandhühner, Krickenten, Bekassinen, Waldschnepfen oder Trappen, er jagte und aß sie alle gern:

> Natürlich fliegen Sandhühner anders als Prairiehühner. Sie schneiden durch die Luft und fliegen stoßend wie Tauben, sie haben nur das Birkhuhngackern, und für Kochtopf, Pfanne und Bratröhre gibt es nichts Besseres – ausgenommen Krickenten oder Trappen. ... Ich denke mir, sie waren alle für die Jagd da, warum hätten ihre Flügel sonst das Schwirren, das uns unversehens mehr zusetzt als alles, was uns mit dem Land verbindet? Und warum wären sie so gut zu essen, wenn es anders wäre? Und warum schmeckten sonst die Schnepfen, die so leise fliegen, die Bekassinen und die Kleinen Trappen besser als der Rest?[73]

Wachteln in Portwein

Die Wachteln salzen und pfeffern. Jede Wachtel mit 1 Speckscheibe und 1 Weinblatt umhüllen und mit Küchengarn festbinden. 40 g Butter in einem Bräter erhitzen und die Wachteln darin von allen Seiten goldbraun braten. Das überschüssige Fett abgießen, dann mit Portwein aufgießen und zugedeckt bei mittlerer Hitze 15 bis 20 Minuten schmoren lassen. Wachteln herausnehmen, Bratfond mit der Brühe aufgießen und etwas einkochen lassen. Restliche Butter in Flöckchen schneiden und zum Binden unter die Sauce schlagen.

4 küchenfertige Wachteln (je 180 g),
Salz,
frisch gemahlener Pfeffer,
4 Scheiben grüner Speck,
4 eingelegte Weinblätter,
140 g kalte Butter,
100 ml Portwein,
200 ml Hühnerbrühe

Als versierter Jäger wußte Hemingway, welche Vogelart leicht und welche schwer zu schießen ist. Wildgänse seien schwierig zu schießen, und über Waldschnepfen schrieb er:

> Sie fliegen sacht wie Eulen, und wenn Sie sie verfehlen, stoßen sie herunter und geben Ihnen leicht die Chance für einen zweiten Schuß. Aber was für Vögel, wenn man sie im eigenen Saft kocht und mit Butter und zwei Scheiben Speck und etwas Senf dazugibt, für die Sauce und mit Armagnac flambiert. Dazu muß man Cortin trinken oder Beaune, Pommard, auch Chambertin.[74]

Im Februar 1934 kehrte Hemingway über Frankreich nach New York zurück. Auf dem Schiff lernte er die damals schon weltberühmte Schauspielerin Marlene Dietrich kennen, die er liebevoll-neckend *Kraut* (Spitzname der Amerikaner für die Deutschen) nannte. Sie hingegen nannte ihn beim Taufnamen – ein

Pauline, Baronin Karen und Baron Bror von Blixen und Ernest auf der *Pilar* im Hafen von Key West.

Privileg, das er nur wenigen zugestand. Ernest und Marlene verloren nie den Kontakt, und wann immer sich die Gelegenheit ergab, trafen sie sich zum Essen. Bis zuletzt gab die Dietrich viel auf den väterlichen Ratschlag des Freundes.

Zurück in New York kaufte Hemingway sich eine 11,5 Meter lange hochseetaugliche Motoryacht, die er auf Wunsch Paulines *Pilar* taufte. In den folgenden Monaten machte er die Fischerparadiese der Bimini-Inseln in der Karibik unsicher, stets auf der Suche nach großen Marlins und Schwertfischen. Braungebrannt und muskulös muß Hemingway mit 35 Jahren ein echtes Mannsbild gewesen sein, der in Key West bei den Einheimischen als erfolgreicher Hochseefischer und Trinkkumpan galt und bei den Touristen als mittlerweile berühmter Schriftsteller und Attraktion.

1935 erschien *Die grünen Hügel Afrikas*, ein Roman, den Hemingway zu großen Teilen in Kuba niederschrieb. Pauline besuchte ihn zwar während dieser Zeit mit und ohne Kinder für mehrere Wochen, doch ihre gegenseitige Entfremdung hatte bereits begonnen. Seine Erlebnisse auf See verarbeitete Hemingway bald darauf in dem Roman *Inseln im Strom*, den Mary Welsh, Hemingways vierte Ehefrau, 1970 postum veröffentlichte und der die Teile *Bimini*, *Kuba* und *Auf See* enthielt.

Auch an Bord seines Schiffes wurden Hemingways Gäste hervorragend bewirtet. Thomas Hudson, die Hauptfigur des Romans *Inseln im Strom*, verwöhnt seine Gäste mit einem Kartoffelsalat mit hartgekochten Eiern und Zwiebeln, «wie sie ihn in der Brasserie *Lipp* in Paris anmachten»[75], und mit frisch gebratenen Barben sowie braun und kroß gebratenen roten und grauen Knurrhähnen und Steinpickern, deren Seiten dreieckig eingeschnitten waren, so daß das weiße Fleisch hervorsah.[76]

Ein anderes Mal sorgt Thomas Hudson für ein üppiges Mahl aus Steaks, Kartoffeln, Gemüse, Salat, Grapefruit, Preiselbeerkuchen und Kokosnußeis:

```
Das Mittagessen war ausgezeichnet. Die Steaks
waren auf der Außenseite vom Grill braun
gestreift, und das Messer fuhr hindurch, und in-
nen war das Fleisch zart und saftig. Sie löffel-
ten alle den Saft vom Teller auf und taten ihn
auf den Kartoffelbrei, und der Saft bildete
kleine Seen in dem sahnigweißen Brei. Die Lima-
Bohnen, die in Butter gedünstet waren, waren
nicht zerkocht, der Kopfsalat war fest und kühl,
und die Grapefruit eiskalt.[77]
```

Gegrilltes Porterhouse-Steak

1 Porterhouse-Steak (etwa 900 g, das Steak am besten vorbestellen), je einige Zweige frischer Majoran, Thymian und Salbei, 3–4 Knoblauchzehen, 2 EL milder Rotweinessig, 100 ml Öl, grob gemahlener schwarzer Pfeffer, Salz

Steak mit Küchenpapier trockentupfen. Kräuter waschen, trockentupfen und von den Stielen zupfen, fein hacken. Knoblauch schälen und durchpressen. Kräuter und Knoblauch mit Essig, Öl und Pfeffer mischen und das Steak von beiden Seiten damit bepinseln. In einer Schüssel mit der restlichen Marinade übergießen und mindestens 4 Stunden ziehen lassen. Dann Holzkohlengrill anheizen und das Steak abtropfen lassen. Über der heißen Glut pro Seite 10–12 Minuten grillen, dabei häufig mit der restlichen Marinade bepinseln. Nach dem Garen salzen.

Kartoffelpüree

Siehe Rezept Seite 51.

Lima-Bohnen

200 g getrocknete Lima-Bohnenkerne (ersatzweise große weiße Bohnen) 1 große Zwiebel, 2 EL Butter, 2 Knoblauchzehen, 2 EL Rotweinessig, einige Tropfen Tabascosauce, Salz, schwarzer Pfeffer

Bohnen in eine Schüssel geben, mit Wasser bedecken und über Nacht quellen lassen. Am nächsten Tag im Einweichwasser in etwa 1 Stunde weich kochen. Geschälte Zwiebel fein würfeln. Butter in einer Pfanne erhitzen, Zwiebel darin 5–10 Minuten unter Rühren braten. Knoblauch schälen und dazupressen. Bohnen mit etwas Garflüssigkeit dazugeben. Bohnen mit Essig mischen, mit Tabasco, Salz und Pfeffer abschmecken und nochmals 10 Minuten gut durchkochen.

Als leichten Zwischengang Kopfsalat mit Dressing und Grapefruit reichen.

Kopfsalat und Grapefruit

Preiselbeerkuchen

Butter oder Margarine mit Zucker und Ei schaumig schlagen. Mehl mit Salz und Backpulver mischen und unterkneten. Den Teig halbieren. Jeweils rund in einem Durchmesser von 28 cm ausrollen. Einen Springformboden (28 cm Ø) fetten. Einen Teigboden darauf geben und im heißen Ofen bei 200° etwa 12 Minuten backen, bis er knusprig ist. Teigboden vom Springformboden lösen und abkühlen lassen. Zweiten Teigboden ebenso backen, aber gleich nach dem Backen in 12 Tortenstücke teilen. Ebenfalls abkühlen lassen. Für die Füllung Gelatine 5 Minuten in kaltem Wasser einweichen. Süße Sahne mit Vanillezucker steif schlagen, saure Sahne und Preiselbeeren unterziehen. Gelatine tropfnaß in einen kleinen Topf geben und bei schwacher Hitze unter Rühren flüssig werden lassen. Unter die Sahnemischung ziehen. Den ganzen Teigboden wieder in die Springform legen, den Rand ansetzen. Die Sahnecreme darauf verteilen und mit dem eingeschnittenen Boden locker belegen. Kuchen vor dem Servieren im Kühlschrank etwa 2 Stunden kühl stellen. Nach Wunsch mit Kakao und Puderzucker bestäuben.

100 g weiche Butter oder Margarine,
60 g Zucker,
1 Ei,
300 g Mehl,
1 Prise Salz,
2 TL Backpulver,
3 Blatt weiße Gelatine,
200 g süße Sahne,
1 Päckchen Vanillezucker,
200 g saure Sahne,
200 g Wildpreiselbeeren aus dem Glas,
Butter für die Form

Eisdessert fertig im Laden kaufen.

Kokosnußeis

Da man oft den gesamten Tag an Bord verbrachte, fiel bereits das Frühstück reichhaltig und deftig aus:

```
Es gab durchgedrehtes Corned beef zum Frühstück,
angebräunt, mit einem Ei oben auf, Kaffee und
Milch und ein großes Glas eisgekühlten
Grapefruit-Juice. Thomas Hudson ließ den Kaffee
und den Juice stehen und trank eine Flasche sehr
kaltes Heineken-Bier zu dem Corned beef. ...
„Das Bier ist gut, was? So früh am Morgen ..."
„Ziemlich leicht, ein Säufer zu werden, was,
Eddy?"
„Sie werden nie einer. Sie arbeiten zu gerne."
„Trotzdem trink ich frühmorgens verdammt gerne."
„Ist auch verdammt gut. Besonders die Sorte
Bier."[78]
```

Wie bereits in anderen Romanen, zählt auch der Protagonist von *Inseln im Strom* die Zutaten und lokalen Spezialitäten und Eßgewohnheiten seiner Umgebung detailliert auf:

```
Ich hab diese Pfefferschoten schon mit Lachs pro-
biert, mit Stockfisch, mit chilenischem Bonito,
mit mexikanischer Schildkrötenbrust, mit Truthahn
und mit Leberflecken. Sie stopfen ja alles mögli-
che hinein, und ich hab das alles probiert und
bin mir wie ein Pascha vorgekommen. Aber das sind
Extravaganzen. Diese langen, verhutzelten, doofen
Chilischoten, die mit nichts gefüllt sind und
auch gar nichts versprechen, und ein Schuß Kala-
mare-Sauce darüber, das ist das einzig Richtige.[79]
```

Einen besonderen Stellenwert nahmen neue Cocktail-Mixturen ein, die es stets zu entdecken und auszuprobieren galt. Ein *Green Isaac's Special* wird am besten mit «Gin, Lime Juice, Kokosnußwasser und zerstoßenem Eis ... und gerade genug Angostura Bitter darin, daß es rostig-rosa»[80] aussieht, serviert. Ähnliche Zutaten geben einem *Tom Collins* dem richtigen Geschmack:

Hemingway im Gespräch mit einem kubanischen Fischer aus der Nachbarschaft in der Hotelbar des von ihm bevorzugten *La Terraza* in Havanna, 1950.

Thomas Hudson trank einen Schluck von dem eiskalten Tom Collins, der nach frischer Zitrone schmeckte und nach Kokosnußwasser, das so viel aromatischer war als jedes Sodawasser, und er schmeckte den starken Gordon Gin auf der Zunge und schluckte ihn herunter und fand sich belohnt, und der Angostura gab allem die Spur Bitterkeit und die Farbe.[81]

Tom Collins

Für 1 Glas:
5 cl Gin,
2–3 cl Zitronensaft,
2 cl Zuckersirup,
3–4 Eiswürfel,
Soda zum Aufgießen,
Zitronenscheibe
zum Garnieren

Gin, Zitronensaft, Zuckersirup und Eiswürfel im Shaker kräftig schütteln, in ein gekühltes Cocktailglas gießen. Mit Soda auffüllen. Zitronenscheibe einschneiden und an den Rand des Glases stecken.

Daiquiri

Für 1 Glas:
5 cl weißer Rum,
3 cl Limetten- oder
Zitronensaft,
2 cl Zuckersirup,
1 EL gestoßenes Eis

Rum, Limetten- oder Zitronensaft, Zuckersirup und Eis im Shaker kräftig schütteln, in ein gekühltes Glas füllen. Nach Wunsch mit Limettenscheiben garnieren.

Mojito

Für 1 Glas:
6 Blätter frische
Pfefferminze,
3 cl Limetten- oder
Zitronensaft,
1 cl Zuckersirup,
1 EL gestoßenes Eis,
6 cl weißer Rum,
etwas Soda zum
Aufgießen,
Minzeblätter zum
Garnieren

Minzeblätter in ein Cocktailglas geben und mit dem Stößel des Mörsers etwas zerreiben, damit sie Aroma abgeben. Limetten- oder Zitronensaft, Zuckersirup, Eis und Rum dazugeben und alles gut verrühren. Mit etwas Soda auffüllen und mit Minze garniert servieren.

Nachdem er den Frühling und Sommer 1936 auf Kuba und der Bermuda-Insel Bimini verbracht hatte, erlebte Hemingway den Spätsommer mit seinen Söhnen auf der Nordquist Ranch, einem Urlaubsparadies für Reiter, Angler und Jäger in Wyoming. Er machte ausgedehnte Angeltouren und Jagdausflüge in den Rocky Mountains, wo er Braunbären und Rothirsche erlegte. Hemingway lernte viele Jäger, Trapper und Cowboys kennen, an deren Lagerfeuern er oft seine Abende verbrachte.

In der Geschichte *Wein aus Wyoming* beschreibt Hemingway die herzliche Gastfreundschaft einer Familie, die in Wyoming eine Farm in der Nähe der Berge besitzt. Die Sprache der Hausherrin, Madame Fontan, ist eine gelungene, witzige Mischung aus Englisch und Französisch:

```
An dem Abend aß ich bei Fontans. Wir aßen im Eß-
zimmer, und es lag ein reines Tischtuch auf. Wir
probierten den jungen Wein. Er war sehr leicht
und rein und gut und schmeckte noch nach den
Trauben. Um den Tisch herum saßen Fontan und Ma-
dame und ihr kleiner Junge André.
  „Was haben sie heute gemacht?" fragte Fontan. Er
war ein alter Mann mit einem kleinen, bergwerks-
müden Körper, einem grauen Schnauzbart und leben-
digen Augen, und er stammte aus dem Centre, aus
der Gegend von St. Etienne.
  „Ich habe an meinen Buch gearbeitet."
  „Haben Ihre Bücher gestimmt?" fragte Madame.
  ...
  „Mangez", sagte Madame Fontan. „Sie haben über-
haupt nichts gegessen."
  Ich hatte zweimal Huhn gegessen, geröstete Kar-
toffeln, drei Kolben Mais, einige aufgeschnittene
Gurken und zweimal Salat genommen.
  „Vielleicht will er etwas Kek", sagte Fontan.
  „Ich hätte etwas Kek für ihn besorgen sollen",
sagte Madame Fontan. „Mangez du fromage. Mangez
du Weißkäs. Sie haben nichts gegessen. Ich hätte
Kek kaufen sollen. Amerikaner essen immer Kek."[82]
```

Sloppy Joe's Bar in Key West, wo Ernest 1936 seine dritte Frau, Martha Gellhorn, kennenlernen sollte.

Wem die Stunde schlägt
Genuß und Guerilla

In den letzten beiden Jahren vor Ausbruch des Zweiten Weltkrieges war Hemingway fast ununterbrochen unterwegs. Mit kurzen Zwischenstopps in Key West und auf den Bimini-Inseln fuhr er regelmäßig nach Madrid, um über den spanischen Bürgerkrieg zu berichten, der am 18. 7. 1936 ausgebrochen war.

In Madrid lebte er bereits im *Hotel Florida* mit der Journalistin Martha Gellhorn zusammen, die er 1936 in *Sloppy Joe's Bar* in Key West kennengelernt hatte, wo sie als Touristin mit ihrer Mutter die Ferien verbrachte. Hemingway war als Kriegsberichterstatter beauftragt, für die *North American Newspaper Allicance* (NANA) über die Kämpfe der Regierungstruppen gegen General Franco zu berichten. Martha stand als Korrespondentin ebenfalls unter Vertrag bei der Zeitschrift *Collier's*.

Das Essen in der belagerten und vom Krieg zerstörten Stadt war bescheiden, aber ab und zu gelang es ihnen doch, eine halbwegs passable Mahlzeit zu bekommen. Das Stammlokal der internationalen Presse und aller Korrespondenten war das Restaurant *Gran via*. In der Kurzgeschichtensammlung *Der Abend vor der Schlacht*, deren einzelne Erzählungen ursprünglich im *Esquire* und im *Cosmopolitan* erschienen sind, beschreibt er, wie er den Kellner besticht, um «einen Teller mit kaltem Fleisch in Scheiben, dann einen mageren halben Hummer mit Mayonnaise und eine Portion Kopfsalat mit Linsen» zu bekommen. Dazu brachte der ahnungslose Kellner eine Flasche Château Mouton-Rothschild 1906, «der sogar sehr gut schmeckte».[83] Hemingway war stets ein willkommener Gast im russischen Hauptquartier Hotel *Gaylord*, das für seine Gelage mit Wodka und Kaviar bekannt war.

Hemingways erstes Werk über den spanischen Bürgerkrieg war *Die fünfte Kolonne*. Es ist das einzige Theaterstück, das er je verfaßt hat. Es entstand in Madrid im Hotel *Florida*, das mehrfach unter Artilleriebeschuß stand. Das Stück fiel jedoch schon bei seiner Uraufführung am Broadway im Jahre 1940 durch.

Hemingway berichtete nicht nur aus Madrid, wo die Gefechtslage kalkulierbar war, sondern auch aus anderen Kampfgebieten, wo er sich wie seinerzeit in Italien gefährlichen Situationen aussetzte.

Sein Engagement in diesem Bürgerkrieg war sehr persönlicher Natur: Er liebte Spanien und ergriff leidenschaftlich Partei für die Interessen des spanischen Volkes und damit auch für die Kommunisten. In den Vereinigten Staaten warb er, der sich von keiner politischen Seite jemals hatte vereinnahmen lassen, für die Unterstützung der Spanischen Linken im Weißen Haus genauso wie vor dem Schriftstellerverband und auf etlichen Partys in Hollywood. Das gespendete Geld ließ er einem Ambulanz-Fonds zukommen, der sich unparteiisch aus allen Kampfhandlungen heraushielt und im Dienste der Menschlichkeit für die medizinische Versorgung eintrat.

Ende 1940 erschien Hemingways großer Roman über den spanischen Bürgerkrieg, *Wem die Stunde schlägt*, der von der Kritik als sein Meisterwerk gefeiert wurde. Der Erfolg des Romans war überwältigend, und er wurde schnell zum meistverkauften amerikanischen Buch nach Margaret Mitchells Epos *Vom Winde verweht*.

In diesem Kriegsroman, in dem Hemingway das Überleben einer Guerillagruppe in den Bergen schildert, fallen die Mahlzeiten den Umständen entsprechend «rustikal» und improvisiert aus.

```
Jeder hatte zwei große, mit Fleisch und
Ziegenkäse belegte Brote, und Robert Jordan hatte
mit seinem Taschenmesser dicke Zwiebelscheiben
abgeschnitten und sie neben das Fleisch und den
Käse zwischen die Brote gelegt.
   „Du wirst einen Atem kriegen, der durch den
```

ganzen Wald bis zu den Faschisten reicht", sagte
Agustín mit vollem Mund.
„Gib mir den Weinschlauch, dann werde ich mir
den Mund spülen", sagte Robert Jordan, den Mund
voller Fleisch, Käse, Zwiebeln und gekauten Brotes. ...
„Willst du diese Stulle auch noch haben?" fragte
Agustín und reichte sie ihm über das MG weg ...
Robert Jordan nahm sie und legte sie auf seinen
Schoß, während er aus der Seitentasche seiner
Jacke, in der die Handgranaten steckten, die
Zwiebel hervorholte und sein Messer öffnete, um
sie zu zerschneiden. Er entfernte zuerst eine
dünne Schicht der äußeren Haut, die in der Tasche
schmutzig geworden war, dann schnitt er eine
dicke Scheibe ab. Einer der äußeren Ringe fiel zu
Boden, er hob ihn auf, bog ihn zusammen und schob
ihn zwischen die Brotschnitten.[84]

Hemingway hat in vielen Romanen und Kurzgeschichten als wichtige Zutat Zwiebeln hervorgehoben. In Salaten, Fleischgerichten oder auf dem Butterbrot, immer wieder hatte er vor allem für rohe Zwiebeln eine besondere Vorliebe. Auch wenn sich die Protagonisten in *Wem die Stunde schlägt* hauptsächlich in Schützengräben oder im Unterholz versteckt halten mußten, kommt es auch unter diesen widrigen Umständen immer wieder zu herzhaften, gemeinsamen Mahlzeiten.

Nun kam ein Essensgeruch aus der Höhle, ein Geruch von Öl und Zwiebeln und gebratenem Fleisch, und sein Magen krampfte sich vor Hunger zusammen.
... Anselmo kam aus der Höhle mit einem tiefen
Steinnapf voller Rotwein, und an seinen Fingern
baumelten drei Henkeltassen. ... Der Wein war
gut, mit einem leichten Harzgeschmack von dem
Schlauch, aber ausgezeichnet, leicht und angenehm
auf der Zunge. Robert Jordan trank langsam, er
fühlte, wie die Wärme seine Müdigkeit
durchströmte. ...

> Nun aßen sie alle aus der Pfanne, wortlos, wie
> das spanische Sitte ist. Es war Kaninchenfleisch,
> mit Zwiebeln und grünem Pfeffer gekocht, und
> Kichererbsen schwammen in der Rotweinsoße. Das
> Essen war gut gekocht, das Kaninchenfleisch von
> den Knochen gelöst, und die Soße schmeckte ausge-
> zeichnet.[85]

Kaninchenragout mit Zwiebeln und Kichererbsen

*1 Kaninchen
(etwa 2 kg),
Salz,
schwarzer Pfeffer,
500 g kleine Zwiebeln
oder Schalotten,
4 Knoblauchzehen,
6 EL Olivenöl,
¼ l trockener Rotwein,
2–3 TL grüne Pfeffer-
körner (am besten
frisch, ersatzweise aus
dem Glas),
2 Lorbeerblätter,
2 Zweige Rosmarin,
1 Dose gekochte
Kichererbsen (400 g),
1 EL frisch gehackte
Petersilie*

Kaninchen schon beim Einkauf in Portionsstücke schneiden lassen. Zu Hause kalt abspülen und trockentupfen, mit Salz und Pfeffer würzen. Zwiebeln schälen und ganz lassen. Knoblauch schälen und halbieren. Öl in einem Schmortopf erhitzen. Kaninchenteile darin portionsweise gut anbraten, wieder herausnehmen. Zwiebeln und Knoblauch im verbliebenen Fett unter Rühren kurz anbraten. Mit Rotwein ablöschen, Pfeffer, Lorbeer und Rosmarin dazugeben. Kaninchenteile wieder einlegen und alles zugedeckt bei schwacher Hitze 40 Minuten schmoren lassen. Kichererbsen in einem Sieb kalt abspülen, zum Kaninchen geben und alles weitere 10 Minuten schmoren. Abschmecken und mit der Petersilie bestreut servieren.

In ihren Gesprächen zwischen den Gefechten erinnern sich die Guerilleros sehnsüchtig an die Zeit vor dem Krieg. Pilar, die Köchin, beschwört die kulinarischen Höhepunkte Valencias herauf:

```
Nie im Leben habe ich mich so gut amüsiert wie in
Valencia. Vamos! Valencia. ... Wir haben ge-
gessen, am Strand, in kleinen Pavillons. Pasteten
aus gekochtem und kleingeschnittenem Fisch und
rote und grüne Pfefferschoten und Nüsse, klein
wie Reiskörner. Köstliche und flockige Pasteten
und der Fisch von einer Würze, die unglaublich
war. Steingarnelen, frisch aus dem Meer, mit
Zitronensaft beträufelt. Sie waren rosig und süß,
und vier Bissen war eine Garnele. Davon haben wir
eine Unmenge gegessen. Dann haben wir paella ge-
gessen mit frischen Meertieren, Muscheln in der
Schale, Krebsen und kleinen Aalen. Und dann aßen
wir auch noch kleinere Aale, in Öl gekocht, so
winzig wie Bohnenkeime und nach allen Richtungen
gekräuselt, und so zart, daß sie im Mund zerflos-
sen, ohne Kauen. Und die ganze Zeit tranken wir
einen weißen Wein, kalt, leicht und gut, zu
30 Centimos die Flasche. Und zum Abschluß eine
Melone. Dort ist die Heimat der Melonen.[86]
```

Auch bei der Hauptfigur des Romans, dem Amerikaner Robert Jordan, lösen die Gerüche Erinnerungen an unbeschwerte Zeiten aus. Hemingway stellt in dieser Romanpassage seine scharfe Beobachtungsgabe und seine Sensibilität für eine fast poetische Sprache unter Beweis, indem er schildert, wie Jordan über die verschiedenen Duftnuancen die Bilder einer glücklichen Jugend in sich aufsteigen fühlt.

```
Die Nacht war klar, und sein Kopf war so klar und
so kühl wie die Nacht. Er roch den Duft der Fich-
tenzweige, auf denen er lag, den Fichtenduft der
zerdrückten Nadeln und das schärfere Aroma des
Harzes, das aus den Schnittstellen quoll. ...
Das hier ist ein Geruch, den ich liebe. Und der
```

Duft frischgeschnittenen Klees, zerdrücktes Salbeikraut, wenn du hinter den Rindern her reitest, Holzrauch und das brennende Laub im Herbst. Das muß der Duft des Heimwehs sein, der Rauchgeruch von den Haufen zusammengescharrten Laubes, die man im Herbst in den Straßen von Missoula verbrennt. Was möchtest du am liebsten riechen? Süßgras, das die Indianer zu ihren Körben verwenden? Geräuchertes Leder? Den Geruch der Erde nach einem Frühlingsregen? Den Geruch des Meeres, wenn du auf einer galicischen Landzunge durch den Ginster gehst? Oder den Wind, der vom Land her weht, wenn du dich Kuba näherst im Dunkel der Nacht? Das ist der Duft der Kaktusblüten, der Mimosen und des Traubenbaumes. Oder möchtest du lieber gebratenen Speck riechen, frühmorgens, wenn du hungrig bist? Oder Kaffee am Morgen? Oder einen Jonathan-Apfel, in den du hineinbeißt? Oder eine Ziderpresse in vollem Gang, oder Brot frisch aus dem Ofen? Du scheinst hungrig zu sein, dachte er, und er legte sich auf die Seite und beobachtete den Eingang der Höhle im Licht der Sterne, das der Schnee zurückwarf.[87]

Wem die Stunde schlägt entstand größtenteils auf Kuba, wo Hemingway sich 1939 niederließ. Gemeinsam mit Martha Gellhorn kaufte und renovierte er eine Finca, die während der nächsten zwanzig Jahre den Ruhepol des ewig getriebenen Schriftstellers bilden sollte.

Key West überließ er Pauline, von der er sich nach fast vier Jahren Trennung scheiden ließ. Hierher kehrte er nur zurück, um seine Söhne zu besuchen oder Scheidungsverhandlungen zu führen.

Zwei Wochen nachdem er offiziell geschieden war, heiratete er 1940 Martha Gellhorn, die selbstbewußte und unabhängige Zeitungs-Korrespondentin.

Ihre erste Reise nach der Hochzeit unternahm das Paar Anfang 1941 nach Hawaii und China. Martha, die mittlerweile eine anerkannte und etablierte Journalistin war, sollte von dort über den japanischen Vormarsch berichten.

Martha und Ernest auf Fasanenjagd, 1940.

Sie trafen sich mit Tschiang Kai-schek und seiner Gemahlin in Namyung und heimlich mit dessen Widersacher Tschu En-lai im *Palace Hotel* in Kwen-Lun. In einem Interview lobte Hemingway das Essen und die Getränke Chinas und der britischen Kronkolonie Hongkong:

```
Zur Zeit gibt es reichlich zu essen, und das
Essen ist gut. Hongkong verfügt über einige der
besten Restaurants der Welt, in denen sowohl
europäisch wie chinesisch gekocht wird. ... Sie
lernten übrigens auch chinesische Spezialitäten
kennen wie Schlangenwein und Vogelwein. Hemingway
beschreibt den Schlangenwein als einen Reiswein.
Auf dem Boden der Flasche kringeln sich einige
kleine Schlangen. „Die Schlangen sind tot", sagte
er, „man tut sie aus medizinischen Gründen hin-
ein. Vogelwein ist auch ein Reiswein, nur daß in
der Flasche einige tote Kuckucks stecken."
   Hemingway gab dem Schlangenwein den Vorzug. Er
behauptete, daß er gut gegen Haarausfall sei und
daß er einige Flaschen beschaffen wolle, für
Freunde.⁸⁸
```

«Zur Zeit gibt es reichlich zu essen, und das Essen ist gut. Hongkong verfügt über einige der besten Restaurants der Welt, in denen sowohl europäisch als auch chinesisch gekocht wird.»

Hemingway mit seinem Sohn Gregory und der Jagdbeute.

Während dieser ersten Jahre des Zweiten Weltkrieges, als Reisen nach Europa nicht mehr möglich waren, verbrachte Hemingway den Herbst häufig in Sun Valley in Idaho mit ausgedehnten Jagd- und Angeltouren. Regelmäßig begleiteten ihn Martha und seine drei Söhne, die, genau wie Ernest einstmals, von klein auf mit der Jagd vertraut gemacht worden waren. Im *Sun Valley* logierten u.a. auch so illustre Gäste wie der Schauspieler Gary Cooper, der die Rolle des Frederic Henry in der gleichnamigen Verfilmung von *In einem andern Land* gespielt hatte und nun auch als Robert Jordan zusammen mit Ingrid Bergman für die Verfilmung von *Wem die Stunde schlägt* im Gespräch war.

Martha brachte weiterhin viel Zeit auf den europäischen Kriegs- schauplätzen zu, während Hemingway den größten Teil des Jahres auf Kuba verbrachte. Bumby, sein ältester Sohn, war 1941

Hochseeangeln auf der *Pilar*, Sommer 1934. Links Hemingways Maat Carlos Guitiérrez, rechts Jane Mason.

bereits 18 Jahre alt geworden und der jüngste, Gregory, war immerhin schon 11 Jahre alt. Bumby, Patrick und «Giggy» wurden die Gefährten der abenteuerlichen Angeltouren mit der *Pilar* und Tischpartner der üppigen Mahlzeiten in der *Bodequita del Medio* oder der *Floridita Bar*, die zu Hemingways Lieblingslokalen gehörten.

```
Die Floridita war jetzt geöffnet. Er kaufte sich
die zwei Zeitungen, die schon heraus waren,
Crisol und Alerta, nahm sie mit an die Bar und
setzte sich auf einen Barhocker am linken, äußer-
sten Ende der Theke. Er saß, den Rücken gegen die
Wand auf der Straßenseite gekehrt, und links von
ihm war die Wand hinter der Bar. Er bestellte
sich einen doppelten gefrorenen Daiquiri ohne
Zucker bei Pedrico, dessen ständiges Lächeln an
die lächelnde Todesstarre eines Menschen, der
```

```
sich plötzlich das Kreuz gebrochen hat,
erinnerte, und das trotzdem ein wirkliches und
aufrichtiges Lächeln war, und fing an, im Crisol
zu lesen. Sie kämpften jetzt in Italien, aber er
kannte die Gegend nicht, in der die 5. Armee
kämpfte.[89]
```

Nach wie vor widerstrebte es Hemingway, Kuba zu verlassen. Andererseits wollte er sich nicht völlig aus dem Weltgeschehen heraushalten. Da er in seinen Vorstellungen von Widerstand stets mit den Strategien des Guerilakampfes sympathisierte, verfiel Hemingway Anfang 1942 auf die Idee, eine «Spionageabwehr» aufzubauen, um Nazi-Spione in Havanna aufzuspüren. Tatsächlich sicherte ihm die amerikanische Botschaft ihre Unterstützung zu, und Hemingway stellte eine bunt zusammengewürfelte Gruppe auf, die sich die *Crook Factory* nannte. Nach kurzer Zeit dehnte die Gruppe ihre Aktivitäten auf das offene Meer aus. An Bord der *Pilar* wurde ein Waffenarsenal angelegt, und man stieß in See, um deutsche U-Boote in der Karibik aufzustöbern und zu entern.

Als allerdings sowohl die U-Boote als auch die deutschen Kriegsschiffe ausblieben, wurden die Kaperfahrten mehr und mehr zu Angelausflügen umfunktioniert.

Im gleichen Jahr wurde *Wem die Stunde schlägt* mit Gary Cooper als Robert Jordan verfilmt. Ingrid Bergman spielte die Rolle der Maria. Martha war indes fast ständig für die Zeitschrift *Collier's* in Italien und Nordafrika unterwegs. Hemingway versuchte vergeblich, sie dazu zu überreden, bei ihm auf der Finca zu bleiben. Um Martha Konkurrenz zu machen, ließ er sich heimlich ebenfalls von *Collier's* unter Vertrag nehmen, um selbst als Korrespondent nach Europa zu reisen und über die bevorstehende Invasion der Alliierten auf das westeuropäische Festland zu berichten. Für jede Zeitung durfte nur ein Korrespondent aus dem Kriegsgebiet berichten. *Collier's* zog den weltberühmten Hemingway seiner Frau vor, so daß dieser ihr quasi den Job vor der Nase wegschnappte. Hinzu kam noch, daß Hemingway in einem Flugzeug nach Europa reiste und Martha sich damit begnügen mußte, per Frachtschiff nach Europa zu kommen.

Ab April 1944 war Hemingway in London. Er wohnte im *Dorchester*, wo er Berichte über die Situation in London und über die Kampfmoral der einsatzbereiten Truppen schrieb. Ende Mai wurde er bei einem Autounfall verletzt, so daß er in ein Krankenhaus gebracht werden mußte. Martha war derweil in London angekommen und stürmte wütend sein Krankenzimmer. Sie warf ihm Schikane vor, ärgerte sich über seinen unmäßigen Alkoholkonsum und hatte wenig Mitleid mit seiner Verletzung. In heftigem Streit beendete sie die Beziehung.

Das *Dorchester* in der Park Lane in London, festlich geschmückt anläßlich der Krönungsfeierlichkeiten von Queen Elizabeth II, 1953.

Noch nicht völlig wiederhergestellt, nahm Hemingway als Beobachter auf einer Landungsprahm am 6. Juni 1944 am D-Day teil.[90] Später schrieb und erzählte er so eindringlich von den Ereignissen dieses Tages, daß der Eindruck entstand, er habe selbst an vorderster Front gekämpft. Damit strickte Hemingway selbst eifrig am Mythos des harten Burschen und wagemutigen Kriegers.

Tatsächlich begleitete er aber im Sommer 1944 eine Infanteriedivision nach Frankreich. Er zog sich dort eine zweite Kopfverletzung zu, die ihn, falsch behandelt, noch monatelang mit Kopfschmerzen quälte.

Seine Verletzungen hielten Hemingway nicht davon ab, nach dem Vorbild seiner kubanischen *Crook Factory* auch in Frankreich eine kleine Widerstandsgruppe um sich zu scharen, mit der er an der Seite französischer Truppen nach Paris einmarschierte.

```
Als wir die Stadt zum erstenmal betraten, waren,
bis auf zwei, alle nackt bis zum Gürtel gewesen,
und die Bevölkerung hatte uns ohne jede Begeiste-
rung empfangen. Als ich das zweite Mal mit ihnen
kam, waren sie in Uniform, und es gab Hochrufe.
Beim drittenmal hatten alle Stahlhelme auf, wir
wurden umjubelt und abgeküßt, es gab Champagner,
und wir machten das Hôtel du Grand Veneur zu
unserem Hauptquartier. Dort hatten sie einen
exzellenten Weinkeller.[91]
```

Berichte über eine Geheimdiensttätigkeit Hemingways und die Befreiung des Pariser Luxushotels *Ritz* durch die Widerstandsgruppe dürften ins Reich der Legende gehören. Allerdings logierte Hemingway nach der Eroberung von Paris im *Ritz*, das sich schnell zu einem Treffpunkt bekannter Schriftsteller, Künstler und Schauspieler – unter ihnen André Malraux, J. D. Salinger und Marlene Dietrich – entwickelte. Die Bar des Hotel *Ritz* wurde in den neunziger Jahren zu einem Café umgebaut und als *Hemingway Bar* wiedereröffnet.

Im *Ritz* sah Hemingway auch Mary Welsh wieder, auch sie eine amerikanische Journalistin, die er bereits in London getroffen hatte und die seine vierte Frau werden sollte.

Trotz gesundheitlicher Beeinträchtigungen durch seine zahlreichen Verletzungen war Hemingway auch bei der Ardennenoffensive und der Schlacht im Hürtgenwald als Beobachter dabei und äußerster Gefahr ausgesetzt.

Im März 1945 kehrte Hemingway nach Kuba zurück, nachdem er mit Martha die Scheidung vereinbart hatte. Mary folgte ihm einige Zeit später in die Karibik. Er brauchte diesmal lange, um sich von den Strapazen, seinen Verwundungen und Krankheiten aus dem Krieg zu erholen. Die Finca mit ihrem Schwimmbad und dem schönen, dicht bewachsenen Garten war hierzu wie geschaffen.

Der alte Mann und das Meer
Der Abschied

Die Ehe mit Martha wurde Ende Dezember 1945 geschieden. Auch Mary mußte sich zunächst von Noel Monks, ihrem bisherigen Mann, scheiden lassen. Nachdem beide frei waren, heirateten sie am 14. März 1946. Mary lebte nun ständig auf der Finca und gab Hemingway den nötigen Rückhalt und die nötige Ruhe, seine Kriegserlebnisse zu verarbeiten – und wieder zu schreiben. Bereits ab Januar 1946 arbeitete er regelmäßig an dem Manuskript von *Inseln im Strom*, das zwar vollendet, aber erst nach seinem Tod veröffentlicht wurde. Meist schrieb er morgens, so daß er nachmittags mit Mary auf der *Pilar* zum Angeln hinausfahren konnte oder zum Jagdclub, wo sie Tontauben schossen. Dieser Club wurde später *Hemingway Club* genannt. Ihren Urlaub verbrachten Mary und Ernest in Sun Valley, auch hier angelten und jagten sie nach Herzenslust. Im Hotel *Sun Valley Lodge* trafen sie viele Bekannte, die sie auf die Finca Vigia einluden. Später mieteten sie eine Hütte in Ketchum in Idaho, wo sie Enten, Fasane, Bergwachteln und Rebhühner jagten und zubereiteten.

Auch auf der Finca ließen Mary und Ernest es sich gutgehen. Seinem Verleger Charles Scribner schrieb er im Juni 1947:

```
Wir haben hier echten Gordon's Gin für 50 Eier
die Kiste und echten Noilly Prat, und wir haben
eine Möglichkeit entdeckt, wie man im Tiefkühl-
schrank Eis in Tennisballröhren herstellen kann,
das mit 15 Grad unter Null herauskommt, und wenn
auch die Gläser noch gefroren sind, ergibt das
den kältesten Martini der Welt. Gerade genug Wer-
mut, um den Boden des Glases zu bedecken, eine
3/4 Unze Gin (Anm.: 1 Unze ist 28 Gramm) und ganz
frische spanische Cocktailzwiebeln, die ebenfalls
15 Grad unter Null haben, wenn sie ins Glas wan-
dern.[92]
```

1948 begegnete Hemingway zum erstenmal Aaron Edward Hotchner, einem jungen Journalisten und angehenden Schriftsteller, der zu einem Interview nach Havanna in die *Floridita Bar* gekommen war. Die beiden verband bald eine tiefe Freundschaft. Und Hotchner begleitete Hemingway unter anderem nach Sun Valley und auf einer Reise durch Spanien. Beim ersten Treffen mit Hemingway trank Hotchner einen Cocktail namens *Papa Doble*, dessen Rezept wie das des *Mojito* auf Hemingway zurückgeht:

```
Man gebe zweieinhalb Meßbecher Bacardi White
Label Rum, den Saft einer halben Pampelmuse und
sechs Tropfen Maraschino in einen Elektromixer,
mische das Ganze kräftig durch und serviere es
schäumend in einem Kelchglas.⁹³
```

«Papa» bezieht sich auf Hemingway selbst: Bereits in den dreißiger Jahren hatte sich dieser Spitzname für den damals noch sehr jungen, aber bereits weltberühmten Schriftsteller eingebürgert.

Vom September 1948 bis April 1949 verbrachten Ernest und Mary ihren Urlaub in Italien. In Torcello gingen sie oft auf die Jagd, sie besuchten Venedig und Cortina d'Ampezzo. Während Mary es bevorzugte, weitere Städte und Sehenswürdigkeiten zu besuchen, arbeitete Hemingway in Venedig an einem seiner Manuskripte und verbrachte viel Zeit mit seinen neuen Freunden, dem Geschwisterpaar Adriana und Gianfranco Ivancich.

Hemingway kannte sich in Venedig bestens aus. Er wußte auch hier genau, wo es gutes Essen und gute Getränke gab. Gern besuchte er das Nobelhotel *Locando Cipriani*, wo die besten Cocktails weit und breit zubereitet wurden. Die Rezepte dieser Cocktails wurden 1992 von Arigo Cipriani veröffentlicht. Auch Hemingway schrieb über die Cocktails des *Locando Cipriani*.

```
„Meinst du, wir sollten noch einen Montgomery
trinken?" fragte das Mädchen ... .
   „Ja", sagte er. „Warum nicht?"
```

Dinner auf der Finca Vigia.

„Ich fühl mich so herrlich danach", sagte das Mädchen.
„So wie sie Cipriani macht, haben sie auch auf mich eine gewisse Wirkung."
„Cipirani ist sehr gescheit."
„Er ist mehr als das. Er ist begabt."[94]

Das venezianische Hotel *Gritti Palace* war eines der Lieblingshotels von Hemingway, das er in seinem Roman *Über den Fluß und in die Wälder* oftmals erwähnt und beschreibt:

Jetzt lag die Gondelüberfahrtstelle von Santa Maria del Giglio vor ihnen, und dahinter war der hölzerne Anlegesteg des *Gritti*.
Das ist das Hotel, in dem wir wohnen ... .
Der Colonel wies auf den dreistöckigen, rosenfarbenen, hübschen kleinen Palazzo, der an den Kanal grenzte. Es war eine Dépendance vom *Grand Hotel* gewesen, aber jetzt war es ein selbständiges Hotel, und zwar ein sehr gutes. Wahrscheinlich war es das beste in einer Stadt erstklassiger Hotels, wenn man Kriecherei und Getue und Lakaienwirtschaft nicht mochte, und der Colonel liebte es.[95]

Colonel Cantwell, Protagonist des Romans, wohnt und speist am liebsten im *Gritti*. In *Über den Fluß und in die Wälder* beschreibt Hemingway in großer Ausführlichkeit und Opulenz ein Dinner, das er dort in ähnlicher Form tatsächlich mit Adriana Ivancich zu sich genommen hat. Bei der Auswahl seines Menüs ging er bekanntermaßen sehr wählerisch vor, und er konnte die herrschende Atmosphäre solcher Mahlzeiten exzellent festhalten:

„Wir haben einen wunderbaren Hummer da, falls Sie damit beginnen möchten."
„Ist er wirklich frisch?"
„Ich habe ihn heute früh gesehen, als man ihn in einem Korb vom Markt brachte. Er war lebendig und dunkelgrün und äußerst feindselig."

„Möchtest du gern mit Hummer anfangen, Tochter?"
...
„Ich würde schrecklich gern Hummer essen", sagte das Mädchen. „Kalt und mit Mayonnaise. Die Mayonnaise ziemlich steif." ...
Der Hummer war imposant. Er war doppelt so groß, wie ein Hummer sein soll, und seine Unfreundlichkeit war ihm beim Sieden vergangen, so daß er jetzt wie sein eigenes Denkmal aussah, komplett mit hervorstehenden Augen und zarten, weit ausgestreckten Antennen, die ihm kundtun sollten, was seine reichlich stupiden Augen ihm nicht sagen konnten. ...
„Und was werden Sie trinken?"
„Was möchtest du, Tochter?"
„Was du möchtest."
„Capri Bianco", sagte er Colonel. *Secco* und wirklich kalt."
„Er steht schon bereit", sagte der *Gran Maestro*.
...
„Was für ein imposanter Hummer das ist, nicht wahr?"
„Das ist er", sagte der Colonel. „Und er soll sich hüten, nicht zart zu sein." ... Er war zart, und jener Stoßmuskel, der der Schwanz ist, hatte jenen eigentümlichen glitschigen Reiz, und die Scheren waren ausgezeichnet, weder zu mager noch zu fleischig. ...
Der Wein war hell und kühl wie die Weine Griechenlands, aber nicht harzig, und sein Körper war so voll und wunderbar wie der von Renata. ...
„Was für Fleisch gibt's, das sich wirklich zu essen lohnt?" ...
„Wir haben ein sehr gutes Steak da", sagte der *Gran Maestro*, als er wieder auftauchte.
„Iß du das, Tochter. Ich bekomm das die ganze Zeit über bei mir in der Messe. Willst du es blutig?"
„Ganz blutig, bitte."
„*Al sangue*", sagte der Colonel. ... „*Crudo, blue*, oder sagen wir einfach sehr blutig."
„Es wird blutig sein", sagte der *Gran Maestro*.

„Und Sie, Colonel?"

„*Scaloppine* mit Marsala und den Blumenkohl in Butter gedämpft, plus einer Artischocke *vinaigrette*, wenn Sie eine auftreiben können. Was willst du, Tochter?"

„Kartoffelpüree und einen unangemachten Salat."

„Du bist ein junges Mädchen, das im Wachstum begriffen ist."

„Ja. Aber ich darf nicht zu sehr wachsen und nicht in der falschen Richtung."

„Ich glaube, das wär alles", sagte der Colonel. „Wie ist es mit einem *fiasco* Valpolicella?"

„Wir haben keine *fiascos*. Dies ist ein gutes Hotel, Sie verstehen, Colonel, er kommt in Flaschen." ...

„Ist das Steak gut?" fragte der Colonel.

„Es ist wunderbar. Wie sind deine *scaloppine*?"

„Sehr zart, und die Soße ist überhaupt nicht süßlich. Schmeckt dir das Gemüse?"

„Der Blumenkohl ist beinah so kroß wie Sellerie." ...

Er fing an seine Artischocke zu essen. Er nahm immer nur ein Blatt auf einmal und stippte es mit der fleischigen Seite nach unten in das tiefe Schälchen mit *sauce vinaigrette*. ...

„*Gran Maestro* ... Sagen Sie mal, ich glaube, der Valpolicella ist besser, wenn er jünger ist. Es war kein *grand vin*, und wenn man ihn auf Flaschen füllt und jahrelang lagern läßt, vermehrt das nur den Bodensatz. Finden Sie das nicht auch?"

„Das finde ich auch."

„Was läßt sich da machen?"

„Colonel, Sie wissen, daß in einem Grandhotel der Wein Geld kosten muß. Man kann im *Ritz* keinen Pinard trinken. Aber ich würde vorschlagen, daß wir einige *fiascos* von dem guten kommen lassen. Sie können ja sagen, daß sie von den Weingütern der Contessa kommen und daß sie ein Geschenk sind. Dann lasse ich sie für Sie abfüllen. Auf diese Art werden wir besseren Wein bekommen und ein Beachtliches sparen. Wenn Sie es wünschen, kann ich es dem Direktor erklären. Er ist ein ausgezeichneter Mensch."

„Erklären Sie es ihm", sagte der Colonel. „Er ist auch kein Mann, der Etiketts trinkt."

„Stimmt. Inzwischen können Sie diesen ruhig trinken. Er ist sehr gut, wissen Sie."

„Das ist er", sagte der Colonel. „Aber es ist kein Chambertin."

„Was pflegten wir zu trinken?"

„Irgendwas, einfach alles", sagte der Colonel. „Aber jetzt suche ich Vollkommenheit; vielmehr keine absolute Vollkommenheit, sondern Vollkommenheit für mein Geld."

„Das suche ich auch", sagte der *Gran Maestro*, „aber ziemlich vergeblich. Was wünschen Sie als Dessert?"

„Käse", sagte der Colonel. ...

„Was für Käse?"

„Bringen Sie alles, was Sie dahaben, wir wollen ihn uns ansehen", sagte der Colonel.[96]

Hemingway rundet dieses Dinner gebührend mit einigen sehr exklusiven Flaschen Champagner der Marken *Roederer Brut*, Jahrgang 42, und *Perrier Jouet* ab.

Gefüllter Hummer

Den Hummer in reichlich sprudelnd kochendes Salzwasser mit Kümmel und Dill geben. Dann den Hummer je nach Größe 20 bis 30 Minuten kochen (½ kg 22 Minuten Kochzeit). Trennen Sie die Scheren ab, und halbieren Sie den Körper der Länge nach; die hinter den Augen liegenden Teile werden entfernt. Das Fleisch aus den Scheren wird kleingewürfelt, das übrige Hummerfleisch in schräge Scheiben geschnitten. Dünsten Sie die Schalotten und die Champignons in der heißen Butter, fügen Sie das Mehl hinzu, und gießen Sie mit der Fleischbrühe und der

*1 großer Hummer,
Salzwasser,
einige Kümmelkörner
oder etwas Dill,
2 feingehackte
Schalotten,
100 g blättrig geschnittene Champignons,
60 g Butter,*

30 g Mehl,
⅛ l Fleischbrühe,
⅛ l Sahne,
Salz,
etwas Curry,
1 Eigelb,
20 g geriebener Käse,
20 g Butterflocken

Sahne auf. Die Sauce wird kurz gekocht und mit Salz und Curry abgeschmeckt. Ziehen Sie zum Schluß das Eigelb unter die Sauce, und fügen Sie das gewürfelte Hummerfleisch hinzu. Die Hummerscheiben in die gesäuberten Schalen füllen und mit der Sauce übergießen. Den Käse und die Butterflocken darübergeben und den gefüllten Hummer im heißen Ofen bei 200° 15 Minuten überbacken.

Scaloppine mit Marsala
(Kalbsschnitzel)

1 Zwiebel,
1 Knoblauchzehe,
150 g Champignons,
4 dünne Kalbsschnitzel,
1 EL Mehl,
2 EL Öl,
Salz,
¼ TL Paprika,
¼ TL weißen Pfeffer,
1 TL Butter,
50 g Schinken,
1 kleine Dose geschälte Tomaten (400 g),
12 schwarze entsteinte Oliven,
3 EL gemahlene Mandeln,
50 ml Marsala

Zwiebel schälen und fein hacken. Knoblauch schälen und durchpressen. Champignons mit Küchenpapier sauber abreiben, vom Stielende befreien und vierteln. Kalbsschnitzel mit Mehl bestäuben. Öl in einer Pfanne erhitzen und die Schnitzel darin bei mittlerer Hitze pro Seite 2 Minuten braten. Mit Salz, Paprika und Pfeffer würzen und auf eine vorgewärmte Platte geben. Zwiebel und Knoblauch in der Butter andünsten, Pilze dazugeben, zugedeckt bei mittlerer Hitze 5 Minuten dünsten. Inzwischen Schinken in Streifen schneiden, mit den Tomaten, den Oliven, den Mandeln und dem Marsala zu den Pilzen geben, zum Kochen bringen. Mit Salz und Pfeffer abschmecken und über den Schnitzeln verteilen.

Tip: Die Sauce für dieses Gericht läßt sich auch im voraus zubereiten. Das Fleisch hingegen schmeckt besser, wenn es à la Minute gebraten wird. Der Jus kann der Sauce vor dem Anrichten beigefügt werden.

Siehe Rezept Seite 51.

Kartoffelpüree

Blumenkohl mit Butter und Bröseln

Blumenkohl waschen, in Röschen teilen und in Salzwasser in 8–10 Minuten bißfest kochen. Im Sieb abtropfen lassen. Die Semmelbrösel im heißen Fett leicht rösten. Blumenkohl auf eine vorgewärmte Platte geben und die Semmelbrösel darüberstreuen.

1 großer Blumenkohl,
Salz,
2 EL Semmelbrösel,
60 g Butter oder Margarine

Artischocken vinaigrette

Stiel und oberen Teil der Artischocken abschneiden und die Schnittflächen mit etwas Zitronensaft beträufeln. Das Gemüse 30 Minuten in Salzwasser mit Zitronensaft kochen. Die Staubfäden werden herausgezogen und die Artischocken zum Servieren in eine Serviette geschlagen. Während die Artischocken kochen, für die Sauce die Zwiebel schälen und fein würfeln, das Ei pellen und kleinhacken. Öl mit Salz, Pfeffer und Senf verrühren. Die restlichen Zutaten hinzufügen. Tauchen Sie die Artischockenblätter in die Sauce, und saugen Sie die fleischigen Blätter aus. Das Beste ist der Boden der Artischocke. Sehr gut schmecken auch eine holländische Sauce oder flüssige Butter zu den Artischocken.

4 große Artischocken,
Salz,
etwas Zitronensaft,
1 kleine Zwiebel,
1 hartgekochtes Ei,
5 EL Öl,
Pfeffer,
1 TL Senf,
1 EL feingehackte Petersilie,
3 EL Essig

«Papa» auf einen Cocktail mit Mary, Adriana und Gianfranco Ivancich in der *Floridita Bar* in Havanna.

Adriana Ivancich lieferte das Vorbild für die Contessa Renata, die weibliche Hauptfigur in *Über den Fluß und in die Wälder*. Hemingway hatte sich zwar leidenschaftlich in Adriana verliebt, nannte sie jedoch liebevoll «Tochter».

Neben verschiedenen Mahlzeiten beschreibt Hemingway in diesem Werk auch Lebensmittel wie Parmesankäse, Schinken aus San Daniele und Würste *alla cacciatora*, die in den Schaufenstern der Metzger zum Verkauf angeboten werden. Aber nicht nur in den Läden, auch auf dem Markt von Venedig werden einheimische Spezialitäten feilgeboten. Der Colonel kostet einige von ihnen.

```
Dem Colonel machte es Vergnügen, die ausgebreite-
ten und hoch aufeinandergetürmten Käse und großen
Würste zu betrachten. Er dachte, die Leute zu
Hause denken, daß mortadella eine Wurst ist.
```

Dann sagte er zu der Frau in dem Stand: „Lassen Sie mich bitte etwas von der Wurst versuchen. Nur einen Happen."
Sie schnitt eifrig und zärtlich ein dünnes, papierdünnes Scheibchen für ihn ab, und als der Colonel es kostete, schmeckte er den leicht rauchigen und schwarzpfeffrigen, unverkennbaren Geschmack vom Fleisch der Schweine, die Eicheln im Gebirge fressen.
„Ich nehme ein halbes Pfund." ...
Ein Markt kommt einem guten Museum wie dem Prado oder der Accdademia, wie sie jetzt ist, am nächsten, dachte der Colonel.[97]

Hemingway beschreibt außerdem die verschiedenen Meeresfrüchte, die hier angeboten werden:

Auf dem Markt lagen die schweren graugrünen Hummer mit den magentaroten Obertönen, die bereits ihren Tod im siedenden Wasser ankündeten ...
Dort lagen die kleinen Seezungen und ein paar Albacore und Bonitos. Die sehen wie Kugeln aus mit 'nem Schiffsheck daran, dachte der Colonel, irgendwie würdevoll im Tod und mit dem riesigen Auge der Hochseefische. ...
Da gab es viele Aale, die noch lebten, aber nicht mehr dreist auf ihr Aaltum vertrauten. Es gab schöne Garnelen, aus denen sich ein *scampi brochetto* machen ließ, aufgespießt und geröstet auf einem degenartigen Instrument, das man wie ein Brooklyner Eisspieß benutzen konnte. Es gab mittelgroße Krebse, grau und schillernd, die auch ihrerseits auf das siedende Wasser und ihre Unsterblichkeit warteten ...
Jetzt musterte er all die vielen kleinen Schalentiere, die scharfrandigen Venusmuscheln, die man nur roh essen sollte, wenn man mit seinen Typhusinjektionen nicht im Rückstand war, und all die kleinen Köstlichkeiten.
Er ging an diesen vorbei und blieb stehen, um einen Händler zu fragen, wo er seine Muscheln herbekäme. Sie kamen von einer guten Stelle, wo

keine Abwässer waren, und der Colonel ließ sich
sechs öffnen.

Er trank den Saft und schnitt das Fleisch
heraus; er schnitt mit dem gebogenen Messer, das
ihm der Mann gereicht hatte, ganz dicht an der
Muschel entlang.[98]

Nicht nur das Mittag- und Abendessen waren im *Gritti* vorzüglich, auch das Frühstück wurde dort nach den Wünschen der Gäste individuell zusammengestellt. Im Roman demonstrieren der Colonel und Renata, mit welchen Köstlichkeiten bereits der Tagesbeginn zu einem Fest wird.

„Diese sehr junge Dame wünscht so zu frühstücken,
daß das Frühstück ein für allemal ein Ende hat."

„Ich verstehe", sagte der *Gran Maestro*, und er
blickte Renata an, und sein Herz drehte sich um
wie eine Schildkröte im Meer. Es ist eine wunderbare Bewegung, und nur ganz wenige Menschen auf
dieser Welt können sie fühlen und ausführen ...

„Wir können *rognons* mit gegrillten Champignons
machen oder *fabricar*, die von Leuten, die ich
kenne, gesammelt worden sind, oder in feuchten
Kellern gezogen wurden. Es kann ein Omelett mit
Trüffeln geben, die von ganz vornehmen Schweinen
ausgegraben worden sind. Wir haben echten kanadischen Speck, der vielleicht sogar aus Kanada
kommt."[99]

Omeletts mit Trüffeln

1 weiße Trüffel aus dem Piemont (etwa walnußgroß), 8 Eier,

Trüffel mit einer Bürste, am besten einer speziellen Trüffel- oder anderen Pilzbürste, sehr sauber abreiben. Nur falls nötig, ganz dünn schälen. Jeweils 2 Eier mit Salz und Pfeffer leicht schaumig verschlagen. In einer Pfanne gut 1 EL Butter zerlassen, 2 Eier hineingeben und mit der Gabel einige Sekunden kräftig durchrühren, bis die Masse zu stocken beginnt. Die Pfanne leicht schräg halten, damit das noch flüssige Ei zum Rand rinnt. Omelett so lange garen, bis es gestockt, aber noch nicht trocken ist. Einige Trüffelscheiben über das Omelett hobeln – mit dem Trüffelhobel –, das Omelett zusammenklappen und auf einen vorgewärmten Teller gleiten lassen. Mit wenig Trüffel garnieren und sofort servieren. Die übrigen Omeletts ebenso backen.

Salz,
weißer Pfeffer,
4–6 EL Butter

Rognons
(Kalbsnieren mit Champignons)

Von den Kalbsnieren, falls vorhanden, die Fettschicht, dort, wo sie an der Niere angewachsen ist, abschneiden, dann läßt sie sich leicht abziehen. Die dünne Außenhaut ablösen und abziehen. Die Nieren in kaltem Wasser 30 Minuten wässern, dabei das Wasser zwei- bis dreimal wechseln. Aus den Nieren alle Röhren und Sehnen gründlich herausschneiden. Die Nieren in Scheiben schneiden. Die Pilze mit Küchenpapier sauberreiben, von den Stielenden befreien und in feine Streifen schneiden. Butter in einer Pfanne zerlassen, die Nierenscheiben darin bei starker Hitze unter Rühren 3–4 Minuten braten. Herausnehmen und zugedeckt warm halten. Die Pilze in die Pfanne geben und kurz anbraten, dann mit dem Madeira und dem Kalbsfond aufgießen und offen etwa 5 Minuten köcheln lassen, bis die Sauce dicklich wird. Sauce salzen und pfeffern, Crème fraîche und Zitronensaft untermischen. Nieren ebenfalls untermischen und wieder heiß werden lassen. Nochmals abschmecken und mit Petersilie bestreut servieren. Dazu schmeckt frisches Baguette oder Kartoffelpüree (Rezept Seite 51).

2 Kalbsnieren
(etwa 500 g),
250 g Champignons,
1 EL Butter,
150 ml Madeira oder Marsala,
150 ml Kalbsfond aus dem Glas,
Salz,
weißer Pfeffer,
1 EL Crème fraîche,
etwas Zitronensaft,
1 EL frisch gehackte Petersilie

Der Colonel und Renata verlassen sich oft ganz vertrauensvoll auf die Empfehlungen des Gran Maestro, der ihnen dann die herrlichsten Mahlzeiten serviert. Den dazu passenden Wein jedoch sucht der Colonel immer selbst aus:

„Zuerst etwas Krebs *enchillada,* wie er hier in dieser Stadt zubereitet wird, aber kalt. In der Schale serviert. Dann Seezunge für Sie und Mixed Grill für die Contessa." ...
 Dann sagte der Colonel zu dem *Gran Maestro,* der, nachdem er seine Bestellung gemacht hatte, wieder erschienen war: „Eine Flasche von dem *vino secco* vom Vesuv für die kleinen Seezungen. Zum übrigen trinken wir unseren Valpolicella."[100]

Über den Fluß und in die Wälder, die Erzählung von Alter, Sterben und Tod eines amerikanischen Colonel in Italien, konnte bei der Kritik und dem Publikum nur mäßigen Erfolg verbuchen.

Anfang 1951 begann Hemingway mit der Niederschrift des Manuskripts *Der alte Mann und das Meer,* ebenfalls eine Geschichte eines alternden Kämpfers, der es sowohl den Naturgewalten als auch sich selbst noch einmal beweisen möchte. Möglicherweise wollte Hemingway seinen eigenen existentiellen Kampf um den Erhalt seines Schreibtalents und seiner männlichen Qualitäten darin zum Ausdruck bringen. Nach über zehn nur mäßig erfolgreichen Jahren wurde dieses Buch, das 1952 erschien, wieder von den meisten Kritikern gelobt und fand auch beim Publikum großen Anklang. Im Mai 1953 wurde die Erzählung mit dem Pulitzer-Preis ausgezeichnet und später mit Spencer Tracy in der Hauptrolle verfilmt.

Hemingway änderte zwar vorläufig seinen Lebenswandel kaum: Er reiste nach wie vor kreuz und quer durch Europa, betrieb die Hochseefischerei und genoß gutes Essen und vor allem Trinken. Tatsächlich machten ihm aber immer stärkere gesundheitliche Probleme zu schaffen. In einem Brief an den Schriftsteller und Korrespondenten Harvey Breit schrieb Hemingway, daß er seinen Alkoholkonsum stark eingeschränkt habe. In diesem Brief erinnert er sich aber zu gern an die Zeit, als er noch riesige Alkoholmengen vertragen konnte, ohne die geringsten gesundheitlichen Folgen zu spüren. Des weiteren erzählt Hemingway in diesem Brief, wie er 1942 im *Floridita* mit dem berühmten baskischen Pelotaspieler Guillermo 17 doppelte *Daiquiris* trank:

```
Im Lauf des Tages tranken wir jeder siebzehn doppelte geeiste Daiquiris, ohne die Bar zu verlassen, außer für gelegentliche Ausflüge zum Klo.
Jeder Doppelte enthielt 4 Unzen Rum. Das macht
68 Unzen Rum. Aber es war kein Zucker in den
Drinks und wir hatten jeder zwei Steak-Sandwiches
gegessen. Er ist schließlich gegangen, weil er
noch zum Fronton mußte, um an diesem Abend als
Schiedsrichter beim Jai-Alai zu fungieren. Ich
trank noch einen Doppelten, ging nach Hause und
las die ganze Nacht.
   Nächsten Tag trafen wir uns mittags in der Bar
und tranken ein paar geeiste Daiquiris. Wir fühlten uns beide gut, und keiner von uns war betrunken gewesen, und wir hatten nicht den Drang
weiterzutrinken, und keiner von uns hatte einen
Kater.¹⁰¹
```

Während der Dreharbeiten zu «Der alte Mann und das Meer» mit Mary und Spencer Tracy im *Floridita*.

Hemingway am Lagerfeuer während seiner zweiten großen Afrika-Safari, gemeinsam mit dem bekannten Großwildjäger Philip Percival und dessen Sohn.

1953 fuhren Ernest und Mary im Anschluß an eine Spanienreise ein weiteres Mal nach Ostafrika. Die Safari führte sie diesmal nach Kenia in die unmittelbare Umgebung von Nairobi, zum Kilimandscharo, nach Tanganjika und nach Uganda. In Nairobi sah Hemingway den Safariführer Philip Percival wieder, der ihn in den dreißiger Jahren im Busch herumgeführt hatte. In der Wildnis waren sie hauptsächlich mit Landrovers oder Jeeps unterwegs, größere Distanzen überbrückten sie mit Flugzeugen. Einer der Flüge führte sie nach Costermansville. In einer seiner Reportagen, die er für die Zeitschrift *Look* über seine Reise schrieb, heißt es:

> In Costermansville am Kivu-See landeten wir auf
> einer wunderbaren Rasenpiste. Es gibt dort ein
> erstklassiges Hotel mit einem Blick über den See
> hin, großartigem Essen und Komfort. Der See ist
> einer der schönsten, die ich je gesehen habe. Es
> ist nicht möglich, Seen zu vergleichen, Punkt für
> Punkt, aber mit seinen Inseln, der zerklüfteten
> Umgebung und der Färbung seines Wassers ist er
> bestimmt so schön wie der Lago Maggiore oder der
> Gardasee.[102]

Hemingway schwelgte in dieser Reportagen-Staffel in Erinnerungen. Auch Träume enthielt er seinen Lesern nicht vor. Eines Nachts träumte er von einer Löwin, die Mary sehr ähnlich sah:

> Eine Sache in diesem Traum, an die ich mich erinnere, war folgende: die Löwin ging für mich auf
> die Jagd, genau wie sie es gemacht hätte, wenn
> ich ein Löwe gewesen wäre, nur daß ich das
> Fleisch nicht roh herunterschlingen mußte, sondern sie briet es mir, es schmeckte fabelhaft.
> Sie nahm nur Butter für das Rippenstück von einem
> Impala. Sie bräunte es und tischte es mir auf, im
> Gras, dazu in einer Weise, wie es im *Ritz* gemacht
> wird, in Paris. Sie fragte mich, ob ich Gemüse
> wolle, und da ich wußte, daß sie selber nie
> Gemüse aß, dankte ich und sagte nein; ich wollte
> nett sein. Auf alle Fälle gab es kein Gemüse.[103]

Die Reise nach Ostafrika barg viele schwerwiegende Komplikationen: Hemingway überlebte zwei Flugzeugabstürze. Beim ersten blieb er nahezu unverletzt, beim zweiten wurde er jedoch schwer am Kopf verwundet. Trotzdem brach er die Reise nicht ab, sondern fuhr zum Angeln an die kenianische Küste. Als ein Buschfeuer ausbrach, beteiligte er sich an den Löscharbeiten, stürzte dabei jedoch in die Flammen und erlitt gravierende Verbrennungen. Tatsächlich empfand sich Hemingway als ein «geschlagener Mann», dessen Körperkräfte angesichts dieser Extrembelastungen zunehmend schwanden.

Als ihm im Oktober 1954 der Nobelpreis für Literatur verliehen wurde, die Krönung seiner schriftstellerischen Karriere, konnte er aus gesundheitlichen Gründen an der Verleihungszeremonie in Stockholm nicht teilnehmen. Das Schreiben machte ihm zunehmend mehr Mühe, ein fiktives Tagebuch über seine letzte Afrika-Reise blieb unvollendet, und es entstanden in den nächsten Jahren lediglich einige wenige Kurzgeschichten.

Mitte 1956 fuhren Mary und Ernest wieder nach Europa, wo sie bis Anfang 1957, nachdem sie unter anderem Madrid und Zaragoza besucht hatten, mehrere Monate in Paris im Hotel *Ritz* wohnten. Im *Ritz* wurden Hemingway zwei alte Koffer überreicht, in denen sich Andenken an die *Années folles* der «verlorenen Generation» befanden. Dieser unverhoffte Fund inspirierte ihn zu *Paris – ein Fest fürs Leben*, das eigentlich die Memoiren seiner Pariser Zeit umfaßt.

Hemingway litt mehr und mehr an seinem schlechten Gesundheitszustand und ärgerte sich maßlos über die Qualität seiner letzten Schreibversuche. Trotzdem wollte es ihm nicht gelingen, seine Lebensgewohnheiten zu mäßigen und sich zu schonen. Nach Reisen nach Mittel- und Südamerika, wo er bei den Dreharbeiten zu *Der alte Mann und das Meer* beratend assistierte, kauften Ernest und Mary ein Haus in der alten Bergwerksstadt Ketchum. Kurz darauf, im Frühjahr 1959, brachen sie zu einer Reise nach Spanien auf. Dort wurde der weltberühmte Autor überall herumgereicht. Mit einem regelrechten Gefolge von Bewunderern im Schlepptau begleitete Hemingway die Torreros Luis Miguel Dominguín und Antonio Ordóñez von Stierkampf zu Stierkampf, um über sie im Auftrag der angesehenen Zeitschrift *Life* zu schreiben.

Hemingways Schreibkreativität war zurückgekehrt: Der Artikel, der nur einige tausend Worte umfassen sollte, wuchs innerhalb kürzester Zeit auf mehr als 100 000 Worte an. Nach massiven Kürzungen veröffentlichte *Life* den Artikel als Dreiteiler, während der vollständige Text unter dem Titel *Gefährlicher Sommer* erschien.

Trotz des schlechten Gesundheitszustands verzichtete Hemingway nicht auf ein gutes Mahl.

Über seine Reise und seinen Begleiter Bill Evans schrieb er:

> Er aß sehr gern und wußte gutes Essen zu schätzen, und er wußte besser als jeder andere, den ich kannte, wo es zu bekommen war, in welcher Gegend es auch sei. Als er das erste Mal in Spanien war, hatte er in Madrid gewohnt und war von dort aus mit Annie durch sämtliche Provinzen Spaniens gefahren. Es gab keine Stadt in Spanien, die er nicht kannte, und er kannte die Weine, die örtliche Küche, die Spezialitäten und die guten Eßlokale in allen Groß- und Kleinstädten. Er war ein wunderbarer Reisegefährte für mich, und er war ein eisenharter Fahrer.[104]

Unterwegs von Sevilla über Cuidad Real nach Madrid begnügten sie sich noch mit leichten Häppchen, z. B. eine Scheibe Käse, ein paar Oliven sowie ein Glas Wein und schwarzen Kaffee, aber beim späten Mittagessen im Restaurant *Callejón* auf der Calle Becerra in Madrid bestellten die beiden Feinschmecker mit viel Sachverstand ein vollständiges Menü:

> Wir trafen in Madrid ein, gerade noch rechtzeitig zu einem späten Mittagessen im *Callejón*, einem engen, überfüllten Restaurant auf der Calle Becerra, wo wir immer aßen, wenn wir allein waren, da es dort unserer Meinung nach tagein, tagaus das beste Essen in der ganzen Stadt gab. Täglich gab es eine andere regionale Spezialität, aber Gemüse, Fisch, Fleisch und Obst waren immer vom Besten, was der Markt zu bieten hatte, die Küche war schlicht und einfach köstlich. Es gab *vino tinto*, *clarete* und Valdepeñas-Wein in kleinen, mittleren und großen Krügen, und der Wein war ausgezeichnet.
> Bill entfaltete enormen Appetit, nachdem wir an der Theke am Eingang, wo wir auf einen Tisch warteten, ein paar Gläser vom Faß gezapften Valde-

Im Kreis von *aficionados* in Pamplona, 1959.

peñas getrunken hatten. Auf der Speisekarte stand eine Notiz, daß jede Portion ausreiche, um einen satt zu machen, und er bestellte sich gegrillte Seezunge und danach eine regionale Spezialität aus Asturien, deren Größe die Notiz auf der Speisekarte absolut rechtfertigte – für mindestens zwei Personen. Er verputzte alles und sagte: „Das Essen hier ist ziemlich gut."

Nach dem zweiten großen Krug Valdepeñas sagte er: „Und der Wein auch."

Ich aß eine köstliche Portion gebratener Jungaale in Knoblauch, die Bambussprossen ähnelten, an den Spitzen etwas knusprig, sonst aber von weicher Konsistenz. Sie füllten eine große tiefe Schüssel und waren himmlisch für den, der sie aß, und höllisch für jeden, dem man später in einem geschlossenen Raum und auch sogar im Freien begegnete.[105]

Paella Valenciana

Gemüse, Meeresfrüchte und Fleisch küchenfertig vorbereiten und gegebenenfalls in Stücke schneiden. Ein Drittel des Öls in einer Pfanne erhitzen. Artischocken, Bohnen und Paprika darin anbraten. In einer zweiten Pfanne das zweite Drittel des Öls erhitzen und das Fleisch darin anbraten. Salzen, pfeffern und bei schwacher Hitze 10 Minuten zugedeckt schmoren lassen. Zwiebeln und Knoblauch fein hacken und in der Paellapfanne im restlichen Öl glasig dünsten. Das Gemüse und das Fleisch hinzufügen. Den Reis unterheben. Sobald er glasig wird, die Tomaten und die Kalmare zufügen, salzen, pfeffern und 10 Minuten köcheln lassen. Den Safran in die heiße Fischbrühe geben und in die Pfanne gießen. 10 Minuten bei sehr schwacher Hitze garen. Die Langusten darauf verteilen und nochmals 10 Minuten ziehen lassen. Nach Belieben mit separat gegarten Muscheln garnieren und servieren. In Katalonien wird gern Cava zur Paella getrunken, sonst empfiehlt sich ein fruchtiger Rosado.

250 g Tomaten,
1 rote oder grüne Paprikaschote,
200 g grüne Bohnen,
3 Artischocken,
250 g kleine Kalmare,
1 Hähnchen oder Kaninchen (etwa 1,2 kg),
250 g Schweinefilet,
150 ml Olivenöl,
Salz,
schwarzer Pfeffer,
2 Zwiebeln,
3 Knoblauchzehen,
400 g Rundkornreis,
1 g Safranfäden,
2 l heiße Fischbrühe,
6 gekochte Langusten

Arroz con costra
(Reis mit Kruste)

Das Fleisch von den Knochen lösen und in kleinere Stücke schneiden. In einem Topf Öl erhitzen und das Fleisch darin anbraten. Die Tomaten enthäuten, entkernen und kleinschneiden und mit den Innereien und der Butifarra negra zum Fleisch geben. Hühnerbrühe und Weißwein angießen, Safranfäden hinzufügen, mit Salz und Pfeffer würzen und alles 60 Minuten schmoren lassen. Knapp 1/2 l heißes Wasser angießen, nochmals mit Salz abschmecken und zum Kochen bringen. Dann den Reis einrühren und 20–25 Minuten köcheln lassen, bis der Reis alle Flüs-

1 Kaninchen oder Huhn (etwa 1,5 kg) mit Innereien,
3 EL Öl,
500 g Tomaten,
200 g Butifarra negra (Blutwurst, ersatzweise dünne deutsche Blutwurst oder

*Chorizo, spanische
Paprikawurst),
150 ml Hühnerbrühe,
150 ml trockener
Weißwein,
1 g Safranfäden,
Salz,
schwarzer Pfeffer,
250 g Rundkornreis,
8 Eier*

sigkeit aufgesogen hat und weich ist. Ab und zu umrühren. Den Backofen auf 250° vorheizen. Die Eier in eine Schüssel aufschlagen, mit Salz und Pfeffer würzen, verquirlen und über den Reis geben. Im Ofen gut 10 Minuten backen, bis der Reis eine Kruste hat. Das Gericht im Topf servieren. Die Eierkruste erst am Tisch aufbrechen. Dazu paßt ein leicht gekühlter Rotwein aus der Mancha oder aus Valdepeñas.

Abends gab es im gleichen Lokal noch einmal Steaks und Spargel aus Aranjuez.

Nach den Stierkämpfen in Madrid fuhren Hemingway und Bill Evans über Burgos nach Pamplona. In Burgos gönnten sie sich und ihrem Fahrer eine Rast:

```
In der alten Taverne von Burgos machten wir halt,
damit unser Exfahrer Mario, der uns den Lancia
vor dem mano a mano in Ciudad Real aus Udine in
Italien gebracht hatte, einmal die Forellen aus
dem Fluß in den hohen kastilischen Bergen jen-
seits der Stadt probieren konnte. Sie waren glän-
zend und gesprenkelt, fett und frisch und fest,
und man konnte sich seine Forellen und Rebhühner
in der Küche selbst aussuchen. Der Wein wurde in
Steinkrügen serviert; danach aßen wir den köst-
lichen Käse von Burgos, den ich früher immer Ger-
trude Stein nach Paris mitgebracht hatte, als ich
in den alten Zeiten noch dritter Klasse mit dem
Zug aus Spanien nach Hause fuhr.[106]
```

In Pamplona trafen sie im Hotel *El Rey Noble* die Stierkämpfer Luis Miguel Dominguín und Antonio Ordóñez, denen sie auf ihrer Stierkampf-Tournee kreuz und quer durch Spanien von nun an folgten. Für Hemingway war diese Reise durch sein geliebtes Spanien auch eine Wiederbegegnung mit der Vergangenheit: In den zwanziger Jahren hatte er hier regelmäßig die Sommer verbracht und später das von Kämpfen erschütterte Land während des Bürgerkriegs erlebt. Einige dieser Schauplätze seines eigenen Lebens besuchte er auf dieser Reise zum letztenmal. Seine Fähigkeit, das Leben zu genießen, scheint auch in der folgenden Passage ungebrochen:

```
Das Dinner bei Pepica's war wunderbar. Es war ein
großes sauberes Freiluft-Restaurant, und alles
wurde in Sichtweite zubereitet. Man konnte sich
aussuchen, was man gegrillt oder gebraten haben
wollte, und die Meeresfrüchte und die valenciani-
schen Reisgerichte waren die besten am ganzen
Strand. Alles war nach dem Kampf gut gelaunt, und
wir waren hungrig und aßen mit gutem Appetit. Das
Lokal war ein Familienbetrieb, jeder kannte hier
jeden. Man hörte, wie sich das Meer am Strand
brach, und die Lichter glänzten auf dem nassen
Sand. Wir tranken Sangria, Rotwein mit frischem
Orangen- und Zitronensaft, der in großen Krügen
serviert wurde, und aßen als Vorspeise Würste,
die hier gemacht wurden, frischen Thunfisch, fri-
sche Garnelen und knusprig gebratene Tintenfisch-
tentakel, die wie Hummer schmeckten. Ein paar
aßen dann Steaks, andere geröstete oder gegrillte
Hühner mit safrangelbem Reis mit Piment und
Venusmuscheln darin. Das war für valencianische
Verhältnisse ein sehr bescheidenes Mahl, und die
Besitzerin des Lokals hatte Angst, daß wir noch
hungrig waren, als wir gingen.[107]
```

Auch am Vorabend des großen Stierkampfes *mano a mano*, bei dem Dominguín und Ordóñez nebeneinander gegen sechs Stiere antraten, genossen sie ein Festessen in Valencia.

Im Gespräch mit Antonio Ordóñez, 1959.

> Wir freuten uns alle auf den großen Kampf und
> aßen große, köstliche Seezungen frisch aus dem
> Meer und Barben, die in Spanien *salmonete* heißen,
> und eine Safranpaella mit vielen Sorten Meeres-
> früchten und Schalentieren. Als Vorspeise hatten
> wir frischen grünen Salat, zur Nachspeise aßen
> wir Melonen. Sie waren erstklassig, obwohl die
> Saison schon fortgeschritten war.[108]

Nachdem er das Manuskript *Gefährlicher Sommer* fertiggestellt hatte, überkamen Hemingway immer mehr Zweifel an der Qualität seiner Arbeit, und er machte sich immer größere Sorgen wegen seiner Schreibblockaden. Er war ausgebrannt, fühlte sich sogar von Freunden verfolgt, litt unter Angstzuständen und Depressionen.

Auf Drängen seiner Frau Mary und seines Arztes unterzog er sich in einer Klinik einer Elektroschock-Therapie, die seine Depressionen eindämmen sollte. Im Januar 1961 kehrte er – möglicherweise auf eigenen Wunsch und ohne die Behandlung beendet zu haben – nach Ketchum zurück.

Schon bald nach seiner Entlassung verschlimmerte sich sein Zustand wieder, und er wurde vollkommen apathisch wieder in die Klinik aufgenommen, da sich die Anzeichen für eine mögliche Suizidgefährdung verdichteten. Aber es gelang nochmals, sowohl Mary als auch die Ärzte von einer Heilung zu überzeugen, an die er selbst nicht mehr glaubte.

Wenige Tage nach seiner Entlassung aus der Klinik nahm sich Ernest Hemingway am Morgen des 2. Juli 1961 in seinem Haus in Ketchum das Leben.

In Ketchum, Idaho, 1960/61 beim Abendessen.

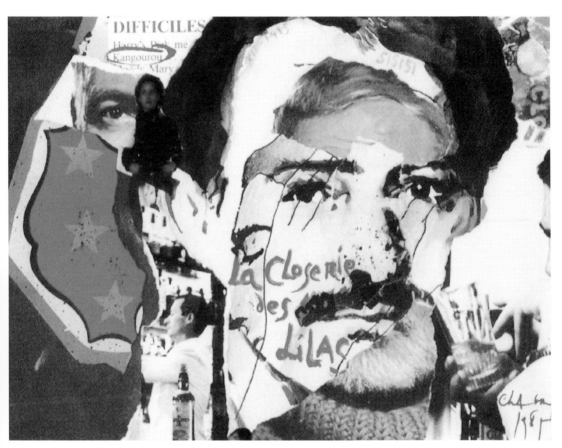
Wandbild im Café *Closerie des Lilas*

Zeittafel

1899 21. Juli: Ernest Miller Hemingway wird als Sohn des Arztes Dr. Clarence Edmonds Hemingway und seiner Frau Grace Hall Hemingway geboren
1913–17 Besuch der Oak Park High School
1917 Hemingway nimmt Stelle beim «Kansas City Star» an
1918 Meldet sich freiwillig zum Roten Kreuz an die italienische Front. Verwundung in Fossalta und Lazarettaufenthalt in Mailand, wo Hemingway Agnes von Kurowsky kennenlernt
1919 Heimkehr nach Oak Park, erste erfolglose literarische Versuche
1920 Mitarbeiter beim «Toronto Star». Rückkehr nach Oak Park und Sommeraufenthalt in Michigan. Journalistische Tätigkeit in Chicago. Begegnung mit Hadley Richardson und Freundschaft mit Sherwood Anderson
1921 Heirat mit Hadley in Horton Bay. Im Dezember Überfahrt nach Frankreich als Korrespondent für den «Toronto Star». Berufliche und private Reisen in die Schweiz, nach Spanien, Italien und in den Nahen Osten. – Daneben schriftstellerische Tätigkeit
1923 *Three Stories and Ten Poems* erscheint. Erste Spanienreise nach Pamplona. Sohn John Hadley Nicanor (Bumby) geboren. Patinnen: Gertrude Stein, Alice B. Toklas
1925 Hemingway lernt Pauline Pfeiffer kennen. Beginn der Freundschaft mit F. Scott Fitzgerald
1926 *Die Sturmfluten des Frühlings* und *Fiesta* erscheinen
1927 Scheidung von Hadley. Heirat mit Pauline nach katholischem Ritus. *Männer ohne Frauen* erscheint
1928 Rückkehr in die USA nach Key West. Zweiter Sohn Patrick geboren. Suizid von Hemingways Vater. *In einem andern Land* erscheint
1931 Kauf des Hauses 907 Whitehead St. in Key West. Spanienreise. Fertigstellung von *Tod am Nachmittag*. Dritter Sohn Gregory wird geboren
1933/34 Afrikasafari mit Pauline
1935 *Die grünen Hügel Afrikas* erscheint
1936 Hemingway lernt im «Sloppy Joe's» in Key West Martha Gellhorn kennen. Sammelaktion zur Unterstützung der spanischen Republik
1937 Spanienreise im Auftrag der NANA. Dreharbeiten für *Die spanische Erde*
1938 Arbeit am Theaterstück *Die fünfte Kolonne*
1939 Kubaaufenthalt und Beginn der Arbeit an *Wem die Stunde schlägt*
1940 Scheidung von Pauline. Hemingway heiratet Martha Gellhorn in Wyoming. Kauf der Finca Vigía
1942–44 Fahrten mit «Pilar» als U-Boot-Falle und -Jäger

1943 Martha berichtet für «Collier's» vom Zweiten Weltkrieg. Hemingway und sie reisen zu den asiatischen Kriegsschauplätzen.

1944 Hemingway geht für «Collier's» nach London. Bekanntschaft mit Mary Welsh. Sohn Bumby vermißt gemeldet. Hemingway erlebt mit Col. Lanham die Hürtgenwaldoffensive

1945 Rückkehr nach Kuba mit Patrick und Gregory. Besuch Marys auf Finca Vigía. Bumby kehrt aus Gefangenschaft zurück.
Oktober: Beginn «Land, See und Luft»-Roman, aus dem später *Über den Fluß und in die Wälder*, *Der alte Mann und das Meer*, *Inseln im Strom* und *Der Garten Eden* entstehen

1946 Heirat mit Mary Welsh in Havanna

1947 Besuch Paulines auf Finca Vigía. Hemingway in Michigan und Idaho

1948 Beginn der Arbeit an *Der Garten Eden*. Italienreise mit Mary und Begegnung mit Adriana Ivancich

1949 Beginn einer Entenjagdgeschichte im Veneto, die Ausgangspunkt für den Roman *Über den Fluß und in die Wälder* wird, der September 1950 erscheint. Europareise

1950 Aufenthalte in Venedig und Paris. Rückkehr nach Kuba und Arbeit an *Der Garten Eden* sowie dem Mittelteil von *Inseln im Strom*

1951 Arbeit an *Der alte Mann und das Meer* und *Inseln im Strom*. Tod von Hemingways Mutter und Pauline

1952 *Der alte Mann und das Meer* erscheint in «Life»

1953 Europareise und zweite Afrikasafari EHs mit finanzieller Unterstützung von «Look»

1954 Zweimaliger Flugzeugabsturz Hemingways in Afrika. Beginn der Arbeit an *Wahrheit im Morgengrauen*. Nobelpreis

1956 Aufbruch zu einer weiteren Afrikareise mit Patrick, die an der Schließung des Suezkanals scheitert. Statt dessen Parisaufenthalt. Fund früher Manuskripte im Keller des Ritz

1957 Arbeit an *Paris – ein Fest fürs Leben*

1959 Revolution auf Kuba. Kauf des Hauses in Ketchum, Idaho. Spanienreise für «Life» zu den Stierkämpfen von Ordoñez und Dominguin für *Gefährlicher Sommer*

1960 Auf Kuba schwere depressive Zustände. Spanienaufenthalt und Verfolgungsängste. Rückkehr nach New York und nach Ketchum. Zunehmende Depressionen, daraufhin erste Elektroschocktherapie

1961 Entlassung aus Mayo-Klinik. Suizidversuche und weitere Elektroschocktherapie.
2. Juli: Ernest Hemingway erschießt sich in seinem Haus in Ketchum

Anmerkungen

Einleitung
Gourmet in allen Lebenslagen

1   Ernest Hemingway: *Reportagen 1920–1924*, Rowohlt Taschenbuch Verlag, Reinbek, 1990, S. 268–269.
2   Ernest Hemingway: *Reportagen 1920–1924*, Rowohlt Taschenbuch Verlag, Reinbek, 1990, S. 277.
3   Ernest Hemingway: *Paris – Ein Fest fürs Leben. Gesammelte Werke in zehn Bänden*, Rowohlt Taschenbuch Verlag, Reinbek, 1986, Band 9, S. 282–283.
4   Ernest Hemingway: *Tod am Nachmittag. Gesammelte Werke in zehn Bänden*, Rowohlt Taschenbuch Verlag, Reinbek, 1986, Band 8, S. 16–18.

Über den Fluß und in die Wälder
Eine Jugend in der Wildnis

5   Kenneth S. Lynn: *Hemingway. Eine Biographie*, Rowohlt Taschenbuch Verlag, Reinbek, 1989, S. 41.
6   Ernest Hemingway: *Reportagen 1920–1924*, Rowohlt Taschenbuch Verlag, Reinbek, 1990, S. 50–51.
7   Ernest Hemingway: *Sämtliche Gedichte*, Rowohlt Taschenbuch Verlag, Reinbek, 1988, S. 10.
8   Ernest Hemingway: *Sämtliche Gedichte*, Rowohlt Taschenbuch Verlag, Reinbek, 1988, S. 12–15.
9   Henry Serrano Villard, James Nagel: *Hemingway in Love and War. Das Buch zum Film*, Rowohlt Taschenbuch Verlag, Reinbek, 1998, S. 34.
10 Ernest Hemingway: *Reportagen 1920–1924*, Rowohlt Taschenbuch Verlag, Reinbek, 1990, S. 271–273.

In den Sturmfluten des Frühlings
Als Kriegsfreiwilliger nach Italien

11 Ernest Hemingway: *Paris – ein Fest fürs Leben. Gesammelte Werke*, Rowohlt Taschenbuch Verlag, Reinbek, 1986, Band 9, S. 221.
12 Ernest Hemingway: *In einem andern Land. Gesammelte Werke*, Rowohlt Taschenbuch Verlag, Reinbek, 1986, S. 88–89.
13 Ernest Hemingway: *In einem andern Land. Gesammelte Werke*, Rowohlt Taschenbuch Verlag, Reinbek, 1986, S. 120.
14 Ernest Hemingway: *In einem andern Land. Gesammelte Werke*, Rowohlt Taschenbuch Verlag, Reinbek, 1986, S. 198.

In einem andern Land
Heimkehr in die Fremde

15 Ernest Hemingway: *Die Nick-Adams-Stories*, Rowohlt Taschenbuch Verlag, Reinbek, 1984, S. 181–182.
16 Ernest Hemingway: *Reportagen 1920–1924*, Rowohlt Taschenbuch Verlag, Reinbek, 1990, S. 49–50.
17 Kenneth Lynn, *Hemingway. Eine Biographie*, Rowohlt Taschenbuch Verlag, Reinbek, 1989, S. 125.
18 Ernest Hemingway: *Reportagen 1920–1924*, Rowohlt Taschenbuch Verlag, Reinbek, 1990, S. 275–276.
19 Stadtbezirk und damals eine Künstlerkolonie (d. Übers.).
20 Ernest Hemingway: *Reportagen 1920–1924*, Rowohlt Taschenbuch Verlag, Reinbek, 1990, S. 273–274.
21 Ernest Hemingway: *Ausgewählte Briefe 1917–1961. Glücklich wie die Könige*, Rowohlt Taschenbuch Verlag, Reinbek, 1984, S. 80.

Paris – ein Fest fürs Leben
Ein Amerikaner entdeckt die Küchen der Alten Welt

22 Ernest Hemingway: *Ausgewählte Briefe 1917–1961. Glücklich wie die Könige*, Rowohlt Taschenbuch Verlag, Reinbek, 1984, S. 47.
23 Ernest Hemingway: *Reportagen 1920–1924*, Rowohlt Taschenbuch Verlag, Reinbek, 1990, S. 90–91.

24 Ernest Hemingway: *Paris – ein Fest fürs Leben. Gesammelte Werke in zehn Bänden*, Rowohlt Taschenbuch Verlag, Reinbek, 1986, Band 9, S. 223.
25 Ernest Hemingway: *Paris – ein Fest fürs Leben. Gesammelte Werke in zehn Bänden*, Rowohlt Taschenbuch Verlag, Reinbek, 1986, Band 9, S. 220–221.
26 Ernest Hemingway: *Paris – ein Fest fürs Leben. Gesammelte Werke in zehn Bänden*, Rowohlt Taschenbuch Verlag, Reinbek, 1986, Band 9, S. 213.
27 Ernest Hemingway: *Paris – ein Fest fürs Leben. Gesammelte Werke in zehn Bänden*, Rowohlt Taschenbuch Verlag, Reinbek, 1986, Band 9, S. 197.
28 Ernest Hemingway: *Die Sturmfluten des Frühlings. Gesammelte Werke in zehn Bänden*, Rowohlt Taschenbuch Verlag, Reinbek, 1986, Band 1, S. 49.
29 Ernest Hemingway: *49 Depeschen. Gesammelte Werke in zehn Bänden*, Rowohlt Taschenbuch Verlag, Reinbek, 1986, Band 10, S. 18.
30 Kenneth S. Lynn: *Hemingway. Eine Biographie*, Rowohlt Taschenbuch Verlag, Reinbek, 1989, S. 196.
31 Ernest Hemingway: *Paris – ein Fest fürs Leben. Gesammelte Werke in zehn Bänden*, Rowohlt Taschenbuch Verlag, Reinbek, 1986, Band 9, S. 222.
32 Ernest Hemingway: *49 Depeschen. Gesammelte Werke in zehn Bänden*, Rowohlt Taschenbuch Verlag, Reinbek, 1986, Band 10, S. 86.
33 Ernest Hemingway: *Reportagen 1920–1924*, Rowohlt Taschenbuch Verlag, Reinbek, 1990, S. 176–177.
34 Ernest Hemingway: *49 Depeschen. Gesammelte Werke in zehn Bänden*, Rowohlt Taschenbuch Verlag, Reinbek, 1986, Band 10, S. 37–38.
35 Ernest Hemingway: *49 Depeschen. Gesammelte Werke in zehn Bänden*, Rowohlt Taschenbuch Verlag, Reinbek, 1985, Band 10, S. 130.
36 Ernest Hemingway: *49 Depeschen. Gesammelte Werke in zehn Bänden*, Rowohlt Taschenbuch Verlag, Reinbek, 1986, Band 10, S. 38.
37 Ernest Hemingway: *Reportagen 1920–1924*, Rowohlt Taschenbuch Verlag, Reinbek, 1990, S. 322–323.
38 Ernest Hemingway: *Reportagen 1920–1924*, Rowohlt Taschenbuch Verlag, Reinbek, 1990, S. 230–231.
39 Ernest Hemingway: *Reportagen 1920–1924*, Rowohlt Taschenbuch Verlag, Reinbek, 1990, S. 245.

40 Ernest Hemingway: *49 Depeschen. Gesammelte Werke in zehn Bänden*, Rowohlt Taschenbuch Verlag, Reinbek, 1986, Band 10, S. 66–67.
41 Ernest Hemingway: *Reportagen 1920–1924*, Rowohlt Taschenbuch Verlag, Reinbek, 1990, S. 261.
42 Vergleiche: Kenneth S. Lynn: *Hemingway. Eine Biographie.* Rowohlt Taschenbuch Verlag, Reinbek, 1989, S. 279 f.

Fiesta
Der Erfolg als Schriftsteller

43 Ernest Hemingway: *Paris – ein Fest fürs Leben. Gesammelte Werke in zehn Bänden*, Rowohlt Taschenbuch Verlag, Reinbek, 1986, Band 9, S. 234–235.
44 Ernest Hemingway: *Paris – ein Fest fürs Leben. Gesammelte Werke in zehn Bänden*, Rowohlt Taschenbuch Verlag, Reinbek, 1986, Band 9, S. 241.
45 Ernest Hemingway: *Paris – ein Fest fürs Leben. Gesammelte Werke in zehn Bänden*, Rowohlt Taschenbuch Verlag, Reinbek, 1986, Band 9, S. 230–231.
46 Ernest Hemingway: *Paris – ein Fest fürs Leben. Gesammelte Werke in zehn Bänden*, Rowohlt Taschenbuch Verlag, Reinbek, 1986, Band 9, S. 216.
47 Ernest Hemingway: *Paris – ein Fest fürs Leben. Gesammelte Werke in zehn Bänden*, Rowohlt Taschenbuch Verlag, Reinbek, 1986, Band 9, S. 300–301.
48 Ernest Hemingway: *Paris – ein Fest fürs Leben. Gesammelte Werke in zehn Bänden*, Rowohlt Taschenbuch Verlag, Reinbek, 1986, Band 9, S. 302.
49 Ernest Hemingway: *Paris – ein Fest fürs Leben. Gesammelte Werke in zehn Bänden*, Rowohlt Taschenbuch Verlag, Reinbek, 1986, Band 9, S. 302–303.
50 Vergleiche: Kenneth S. Lynn: *Hemingway. Eine Biographie*, Rowohlt Taschenbuch Verlag, Reinbek, 1989, S. 354.
51 Ernest Hemingway: *Paris – ein Fest fürs Leben. Gesammelte Werke in zehn Bänden*, Rowohlt Taschenbuch Verlag, Reinbek, 1986, Band 9, S. 288.
52 Ernest Hemingway: *Paris – ein Fest fürs Leben. Gesammelte Werke in zehn Bänden*, Rowohlt Taschenbuch Verlag, Reinbek, 1986, Band 9, S. 258.

53 Ernest Hemingway: *Paris – ein Fest fürs Leben. Gesammelte Werke in zehn Bänden*, Rowohlt Taschenbuch Verlag, Reinbek, 1986, Band 9, S. 258.

54 Ernest Hemingway: *Paris – ein Fest fürs Leben. Gesammelte Werke in zehn Bänden*, Rowohlt Taschenbuch Verlag, Reinbek, 1986, Band 9, S. 258–259.

55 Ernest Hemingway: *Fiesta. Gesammelte Werke in zehn Bänden*, Rowohlt Taschenbuch Verlag, Reinbek, 1986, Band 1, S. 167.

56 Ernest Hemingway: *Fiesta. Gesammelte Werke in zehn Bänden*, Rowohlt Taschenbuch Verlag, Reinbek, 1986, Band 1, S. 154.

57 Ernest Hemingway: *Die Sturmfluten des Frühlings. Gesammelte Werke in zehn Bänden*, Rowohlt Taschenbuch Verlag, Reinbek, 1986, Band 1, S. 65.

Im Garten Eden
Kosmopolit und Bonvivant

58 Ernest Hemingway: *Der Garten Eden*, Rowohlt Taschenbuch Verlag, Reinbek, 1990, S. 19.

59 Ernest Hemingway: *Der Garten Eden*, Rowohlt Taschenbuch Verlag, Reinbek, 1990, S. 59–60.

60 Ernest Hemingway: *Der Garten Eden*, Rowohlt Taschenbuch Verlag, Reinbek, 1990, S. 69.

61 Ernest Hemingway: *Der Garten Eden*, Rowohlt Taschenbuch Verlag, Reinbek, 1990, S. 70.

62 Ernest Hemingway: *Tod am Nachmittag. Gesammelte Werke in zehn Bänden*, Rowohlt Taschenbuch Verlag, Reinbek, 1966, Band 8, S. 40.

63 Ernest Hemingway: *Tod am Nachmittag. Gesammelte Werke in zehn Bänden*, Rowohlt Taschenbuch Verlag, Reinbek, 1986, Band 8, S. 42–43.

64 Ernest Hemingway: *Tod am Nachmittag. Gesammelte Werke in zehn Bänden*, Rowohlt Taschenbuch Verlag, Reinbek, 1986, Band 8, S. 44.

65 Ernest Hemingway: *Tod am Nachmittag. Gesammelte Werke in zehn Bänden*, Rowohlt Taschenbuch Verlag, Reinbek, 1986, Band 8, S. 295–296.

66 Ernest Hemingway: *Tod am Nachmittag. Gesammelte Werke in zehn Bänden*, Rowohlt Taschenbuch Verlag, Reinbek, 1986, Band 8, S. 249.

67 Ernest Hemingway: *Tod am Nachmittag. Gesammelte Werke in zehn*

Bänden, Rowohlt Taschenbuch Verlag, Reinbek, 1986, Band 8, S. 268.
68 Carlos Baker: *Ernest Hemingway – Ausgewählte Briefe 1917–1961*, Rowohlt Taschenbuch Verlag, Reinbek, 1984, S. 287.
69 Ernest Hemingway: *Inseln im Strom. Gesammelte Werke in zehn Bänden*; Rowohlt Taschenbuch Verlag, Reinbek, 1986, Band 5, S. 239.

Die grünen Hügel Afrikas
Luxus am Lagerfeuer

70 Vergleiche: Ernest Hemingway: *Die grünen Hügel Afrikas. Gesammelte Werke in zehn Bänden*, Rowohlt Taschenbuch Verlag, Reinbek, 1986, Band 9, S. 26.
71 Ernest Hemingway: *Die grünen Hügel Afrikas. Gesammelte Werke in zehn Bänden*, Rowohlt Taschenbuch Verlag, Reinbek, 1986, Band 9, S. 151.
72 Ernest Hemingway: *Die grünen Hügel Afrikas. Gesammelte Werke in zehn Bänden*, Rowohlt Taschenbuch Verlag, Reinbek, 1986, Band 9, S. 89–90.
73 Ernest Hemingway: *49 Depeschen. Gesammelte Werke in zehn Bänden*, Rowohlt Taschenbuch Verlag, Reinbek, 1986, Band 10, S. 131.
74 Ernest Hemingway: *49 Depeschen. Gesammelte Werke in zehn Bänden*, Rowohlt Taschenbuch Verlag, Reinbek, 1986, Band 10, S. 130.
75 Vergleiche: Ernest Hemingway: *Inseln im Strom. Gesammelte Werke in zehn Bänden*, Rowohlt Taschenbuch Verlag, Reinbek, 1986, Band 5, S. 81.
76 Vergleiche: Ernest Hemingway: *Inseln im Strom. Gesammelte Werke in zehn Bänden*, Rowohlt Taschenbuch Verlag, Reinbek, 1986, Band 5, S. 83.
77 Ernest Hemingway: *Inseln im Strom. Gesammelte Werke in zehn Bänden*, Rowohlt Taschenbuch Verlag, Reinbek, 1986, Band 5, S. 137.
78 Ernest Hemingway: *Inseln im Strom. Gesammelte Werke in zehn Bänden*, Rowohlt Taschenbuch Verlag, Reinbek, 1986, Band 5, S. 93.
79 Ernest Hemingway: *Inseln im Strom. Gesammelte Werke in zehn Bänden*, Rowohlt Taschenbuch Verlag, Reinbek, 1986, Band 5, S. 25.
80 Ernest Hemingway: *Inseln im Strom. Gesammelte Werke in zehn Bänden*, Rowohlt Taschenbuch Verlag, Reinbek, 1986, Band 5, S. 74.

81 Ernest Hemingway: *Inseln im Strom. Gesammelte Werke in zehn Bänden*, Rowohlt Taschenbuch Verlag, Reinbek, 1986, Band 5, S. 207.
82 Ernest Hemingway: *Stories 2, Wein in Wyoming. Gesammelte Werke in zehn Bänden*, Rowohlt Taschenbuch Verlag, Reinbek, 1986, Band 7, S. 77–78.

Wem die Stunde schlägt
Genuß und Guerilla

83 Vergleiche: Ernest Hemingway: *Der Abend vor der Schlacht*, Rowohlt Taschenbuch Verlag, Reinbek, 1994, S. 79–80.
84 Ernest Hemingway: *Wem die Stunde schlägt. Gesammelte Werke in zehn Bänden*, Rowohlt Taschenbuch Verlag, Reinbek, 1986, Band 3, S. 279–280.
85 Ernest Hemingway: *Wem die Stunde schlägt. Gesammelte Werke in zehn Bänden*, Rowohlt Taschenbuch Verlag, Reinbek, 1986, Band 3, S. 26–29.
86 Ernest Hemingway: *Wem die Stunde schlägt. Gesammelte Werke in zehn Bänden*, Rowohlt Taschenbuch Verlag, Reinbek, 1986, Band 3, S. 87.
87 Ernest Hemingway: *Wem die Stunde schlägt. Gesammelte Werke in zehn Bänden*, Rowohlt Taschenbuch Verlag, Reinbek, 1986, Band 3, S. 254.
88 Ernest Hemingway: *Hemingway, interviewt von Ralph Ingersoll; 49 Depeschen. Gesammelte Werke in zehn Bänden,* Rowohlt Taschenbuch Verlag, Reinbek, 1986, Band 10, S. 203–204.
89 Ernest Hemingway: *Inseln im Strom. Gesammelte Werke in zehn Bänden*, Rowohlt Taschenbuch Verlag, Reinbek, 1986, Band 5, S. 219.
90 Vergleiche: Kenneth S. Lynn: *Hemingway. Eine Biographie*, Rowohlt Taschenbuch Verlag, Reinbek, 1989, S. 644–645.
91 Ernest Hemingway: *Schlacht um Paris, 49 Depeschen. Gesammelte Werke in zehn Bänden*, Rowohlt Taschenbuch Verlag, Reinbek, 1986, Band 10, S. 235.

Der alte Mann und das Meer
Der Abschied

92 Carlos Baker: *Ernest Hemingway – Ausgewählte Briefe 1917–1961*, Rowohlt Taschenbuch Verlag, Reinbek, 1984, S. 435.

93 Kenneth S. Lynn: *Hemingway. Eine Biographie*, Rowohlt Taschenbuch Verlag, Reinbek, 1989, S. 666.
94 Ernest Hemingway: *Über den Fluß und in die Wälder. Gesammelte Werke in zehn Bänden*, Rowohlt Taschenbuch Verlag, Reinbek, 1986, Band 4, S. 73.
95 Ernest Hemingway: *Über den Fluß und in die Wälder. Gesammelte Werke in zehn Bänden*, Rowohlt Taschenbuch Verlag, Reinbek, 1986, Band 4, S. 41–42.
96 Ernest Hemingway: *Über den Fluß und in die Wälder. Gesammelte Werke in zehn Bänden*, Rowohlt Taschenbuch Verlag, Reinbek, 1986, Band 4, S. 77–93.
97 Ernest Hemingway: *Über den Fluß und in die Wälder. Gesammelte Werke in zehn Bänden*, Rowohlt Taschenbuch Verlag, Reinbek, 1986, Band 4, S. 130–131.
98 Ernest Hemingway: *Über den Fluß und in die Wälder. Gesammelte Werke in zehn Bänden*, Rowohlt Taschenbuch Verlag, Reinbek, 1986, Band 4, S. 131–132.
99 Ernest Hemingway: *Über den Fluß und in die Wälder. Gesammelte Werke in zehn Bänden*, Rowohlt Taschenbuch Verlag, Reinbek, 1986, Band 4, S. 137–138.
100 Ernest Hemingway: *Über den Fluß und in die Wälder. Gesammelte Werke in zehn Bänden*, Rowohlt Taschenbuch Verlag, Reinbek, 1986, Band 4, S. 178.
101 Carlos Baker: *Ernest Hemingway – Ausgewählte Briefe 1917–1961*, Rowohlt Taschenbuch Verlag, Reinbek, 1984, S. 505.
102 Ernest Hemingway: *49 Depeschen. Gesammelte Werke in zehn Bänden*, Rowohlt Taschenbuch Verlag, Reinbek, 1986, Band 10, S. 281.
103 Ernest Hemingway: *49 Depeschen. Gesammelte Werke in zehn Bänden*, Rowohlt Taschenbuch Verlag, Reinbek, 1986, Band 10, S. 308.
104 Ernest Hemingway: *Gefährlicher Sommer*, Rowohlt Verlag, Reinbek, 1986, S. 58.
105 Ernest Hemingway: *Gefährlicher Sommer*, Rowohlt Verlag, Reinbek, 1986, S. 58–59.
106 Ernest Hemingway: *Gefährlicher Sommer*, Rowohlt Verlag, Reinbek, 1986, S. 180–181.
107 Ernest Hemingway: *Gefährlicher Sommer*, Rowohlt Verlag, Reinbek, S. 105–106.
108 Ernest Hemingway: *Gefährlicher Sommer*, Rowohlt Verlag, Reinbek, 1986, S. 136.

Verzeichnis der Rezepte

(Sämtliche Mengenangaben sind für vier Personen gedacht, außer, wenn ausdrücklich eine andere Anzahl angegeben wird.)

Apfelmus 97
Arroz con costra (Reis mit Kruste) 161
Artischocken vinaigrette 149
Austernkunde, Austern *marennes*, Austern *portugaises* 49

Birnen-Rotkraut 69
Blumenkohl mit Butter und Bröseln 149
Brathuhn auf Süßkartoffeln 20
Bratkartoffeln 58
Buchweizenpfannkuchen 39

Crabe mexicaine (Taschenkrebse auf mexikanische Art) 48

Eingelegte Pilze 100
Endiviensalat 52
Escargots bourguignonnes (Schnecken auf Burgunder Art) 89

Festliche Putenkeulen 68
Foie de veau (Gebratene Kalbsleber) 51
Forelle in Speck 39
Friséesalat mit Kräuterdressing 32

Gazpacho (Kalte Gemüsesuppe) 103
Gebackene Bachforellen 63
Gebratene Waldschnepfe 31
Gefüllter Hummer 147
Gegrillter Barsch mit Sellerie-Remoulade 100
Gegrilltes Porterhouse-Steak 120
Glasierte Maronen und Möhren 68
Gugelhupf 63

Hasenpfeffer 86

Kaninchenragout mit Zwiebeln und Kichererbsen 130
Kartoffel-Kürbis-Gratin 75
Kartoffelpüree 51
Knoblauchbrot 104

Lima-Bohnen 120

Maronenpüree 32

Omeletts mit Trüffeln 152

Paella Valenciana 161
Pariser Apfeltorte 52
Pie mit Äpfeln 21
Polsterkartoffeln 31
Pommes à l'huile à la *Lipp* (Kartoffeln in Olivenöl) 83
Poularde de Bresse mit Schalotten und Estragon 89
Poulet au Riesling (Huhn in Riesling) 62
Preiselbeerkuchen 121
Prinzeßbohnen 63
Pürierter Blumenkohl 57

Roastbeef 57
Rognons (Kalbsnieren mit Champignons) 153

Scallopine mit Marsala (Kalbsschnitzel) 148
Schalotten-Trauben-Gemüse 76
Schweizer Cremesuppe 56
Seezunge im Mantel 96
Senfsauce 83
Spanische Vorspeisenplatte 103

Tournedos mit Sauce béarnaise (Rinderfiletscheiben) 91

Wachteln in Portwein 117
Wildschwein Dijon 74

Zabaione 33
Zartes Gemüse mit Kerbelbutter 92

Verzeichnis der Getränke

(Die Seitenangaben für Cocktailrezepte sind unterstrichen)

Absinth 110
Aguilar/Cruz Blanca Bier 109, 110
Angostura 122, 123
Apfelwein 11
Armagnac 117

Bacardi White Label Rum 143
Barbera 30
Barsac 13
Beaune 50, 117
Bier 11, 44, 60, 80, 86, 108, 109, 110, 111, 115, 122
Bowle 29
Burgunder 13

Capriwein 29, 30, 31, 33, 145, 149
Chambertin 12, 96, 97, 117, 147
Champagner 13, 48, 139
Champagner Roederer Brut 1942 147, 149
Château Margaux 12
Château Mouton-Rothschild 1906 127
Châteauneuf du Pape 90, 92
Clarete 159, 162
Cortin 117
Cruz Blanca 110

Daiquiri 111, 112, <u>124</u>, 136, 155

Enzianschnaps 86

Fendant 60
Fleurie 88, 89
Fresa/Fresca 30

Gordon's Gin 123, 141
Grapefruitsaft 122
Grave 13
Green Isaac's Special <u>122</u>

Haut Brion 12
Heineken-Bier 122
Hospice de Beaune 1919 96, 97

Kaffee 38, 45, 50, 101, 122, 132, 159
Kaukasischer Burgunder 65
Kirsch 86
Kokosnußwasser 122, 123

Lime Juice 122

Mâcon 88
Manzanilla 102, 103, 109
Marcs (Vieux) 96, 97
Martini 141
Medoc Grand Cru 13
Mojito 11, 112, <u>124</u>, 143
Montagny 89
Montgomery 143
Montrachet 1919 96, 97
Muscadet 84

Noilly Prat 141

Papa Doble 11, <u>143</u>
Perrier Jouet 147, 149
Pinard 146
Pommard 117
Port 12, 117
Pouilly Fuissé 90, 91

Quetsch 61

Reiswein 134
Rheinwein 61
Richebourg 12

Riesling 62
Rumpunsch 92

Sancerre 48
Sangria 163
Sauterne 13
Schaumwein 13
Schlangenwein 134
St. Estephe 31

Tom Collins 122, 123, <u>124</u>

Valdepeñas 107, 159, 160, 162
Valpolicella 146, 149, 154
Vino secco vom Vesuv 154
Vino tinto 159, 162
Vogelwein 134

Wein aus Aigle 59
Wermut 109, 141
Wodka 65, 127

Personenregister

(*Kursiv* gesetzte Seitenzahlen verweisen auf Abbildungen)

Anderson, Sherwood 42, 44, 45, 95

Barnes, Djuna 46
Beach, Sylvia 46, 80
Bergman, Ingrid 135, 137
Bird, William 47, 60, 71, 73, 76, 84
Blixen, Karen und Bror *118*
Breit, Harvey 155
Brumback, Ted 27

Cipriani, Arigo 143
Cocotte, Marie 48, 50
Connable, Harriet und Ralph 40
Cooper, Gary 135, 137

Davis, Annie und Bill 159
Dempsey, Jack 25
Dietrich, Marlene 117, 118, 139
Dilworth, Liz und Jim 42
Dixon, Margaret 24
Domínguín, Luis Miguel 163
Dorman-Smith, Eric 59, 67
Dos Passos, John 27, 35, 84, 95, 96, 104, 111

Evans, Bill 159, 162

Fitzgerald, Francis Scott 46, 88, 95
Flanner, Janet 46
Ford, Ford Madox 46, 69, 87
Franco, Francisco 127

Galantière, Lewis 45, 60
Gangwisch, Frau, Familie 56, 59, 67

Gellhorn, Martha *126*, 127, 132, *133*, 135, 137, 138, 140, 141
Guillermo 155
Guitiérrez, Carlos *136*
Guthrie, Pat *92*

Hemingway, Grace Hall 15
Hemingway, Clarence Edmond 15, 16, 104
Hemingway, Gregory Hancock 110, *135*, 136
Hemingway, John Hadley Nicanor «Bumby» 74, *85*, 135, 136
Hemingway, Marcelline 15, 18
Hemingway, Patrick 106, 136
Hemingway, Tyler 24
Hotchner, Aaron Edward 143

Ivancich, Adriana 143, 144, 150
Ivancich, Gianfranco *111*, 143, *150*

Joyce, James 45, 46, 87, 88

Kurowsky, Agnes von 29, 30, 35

Loeb, Harold 92, 94
Lynn, Kenneth S. 16

Maëra, Manuel García Lopez 73
Malraux, André 139
Mason, Jane 110, 111, *136*
Matisse, Henri 46
McAlmon, Robert 69, 71, 73, 76, 84
Mitchell, Margaret 128
Monks, Noel 141
Murphy, Sara und Gerald 87, 97
Mussolini, Benito 58, 60, 66

Ordóñez, Antonio 163, *164*

Pascha, Kemal 65, 66
Pedrico 136
Percival, Philip 115, *156*
Perkins, Maxwell 95
Pfeiffer, Pauline 97, *98*, 99, 102, 106, 107, 113, 118, 119, 132
Picasso, Pablo 46

Pound, Dorothy 69, 70
Pound, Ezra 45, 69, 70, 87

Richardson, Elizabeth Hadley 42, 44, 45, 46, 48, 54, 59, 60, 67, 70, 71, 73, 74, 79, 84, *85*, 86, 87, 92, 94, 97
Rowohlt, Ernst 104
Russell, Joe 110, 111

Samuelson, Arnold 107, *111*
Salinger, J. D. 139
Scribner, Charles 95, 141
Shakespeare, William 22
Smith, Bill 41, 92
Smith, Katy 35, 41, 56
Smith, Yeremya 41, 42
Stein, Gertrude 41, 45, 46, 69, 76, 88, 162
Stewart, Donald Ogden 84, 92
Strater, Mike 69, 71, 73

Toklas, Alice B. 41, 46
Tracy, Spencer 154, *155p*
Tschiang Kai-schek 134
Tschu En-lai 134
Twysden, Lady Duff *92*, 94

Villa, P. 25
Villalta, Nicanor 73

Walsh, Ernest 90
Welsh, Mary 83, 111, 119, 139, 140, 141, 143, *150*, *155*, 156, 157, 158, 165
Wilson, Edmund 76, 88

Literatur

Ernest Hemingway: *Reportagen 1920–1924*, Rowohlt Taschenbuch Verlag, Reinbek, 1990.
Ernest Hemingway: *Sämtliche Gedichte*, Rowohlt Taschenbuch Verlag, Reinbek, 1988.
Ernest Hemingway: *Der Abend vor der Schlacht*, Rowohlt Taschenbuch Verlag, Reinbek, 1994.
Ernest Hemingway: *In einem andern Land*, Rowohlt Taschenbuch Verlag, Reinbek, 1981.
Ernest Hemingway: *Die Nick Adams Stories*, Rowohlt Taschenbuch Verlag, Reinbek, 1984.
Ernest Hemingway: *Der Garten Eden*, Rowohlt Taschenbuch Verlag, Reinbek, 1990.
Ernest Hemingway: *Gefährlicher Sommer*, Rowohlt Verlag, Reinbek, 1986.
Ernest Hemingway: *Die Sturmfluten des Frühlings. Gesammelte Werke in zehn Bänden*, Band 1, Rowohlt Taschenbuch Verlag, Reinbek, 1986.
Ernest Hemingway: *Wem die Stunde schlägt. Gesammelte Werke in zehn Bänden*, Band 3, Rowohlt Taschenbuch Verlag, Reinbek, 1986.
Ernest Hemingway: *Über den Fluß und in die Wälder. Gesammelte Werke in zehn Bänden*, Band 4, Rowohlt Taschenbuch Verlag, Reinbek, 1986.
Ernest Hemingway: *Inseln im Strom. Gesammelte Werke in zehn Bänden*, Band 5, Rowohlt Taschenbuch Verlag, Reinbek, 1986.
Ernest Hemingway: *Fiesta. Gesammelte Werke in zehn Bänden*, Band 6, Rowohlt Taschenbuch Verlag, Reinbek, 1986.
Ernest Hemingway: *Stories 2. Gesammelte Werke in zehn Bänden*, Band 7, Rowohlt Taschenbuch Verlag, Reinbek, 1986.
Ernest Hemingway: *Tod am Nachmittag. Gesammelte Werke in zehn Bänden*, Band 8, Rowohlt Taschenbuch Verlag, Reinbek, 1986.
Ernest Hemingway: *Paris – ein Fest fürs Leben. Gesammelte Werke in zehn Bänden*, Band 9, Rowohlt Taschenbuch Verlag, Reinbek, 1986.
Ernest Hemingway: *Die grünen Hügel Afrikas. Gesammelte Werke in zehn Bänden*, Band 9, Rowohlt Taschenbuch Verlag, Reinbek, 1986.
Ernest Hemingway: *49 Depeschen. Gesammelte Werke in zehn Bänden*, Band 10, Rowohlt Taschenbuch Verlag, Reinbek, 1986.

Weiterführende Literatur

Carlos Baker: *Ernest Hemingway – Ausgewählte Briefe 1917–1961, Glücklich wie die Könige*, Rowohlt Taschenbuch Verlag, Reinbek, 1984.
Anthony Burgess: *Ernest Hemingway*, Hoffmann und Campe, Hamburg, 1980.
Noël Riley Fitch: *Die literarischen Cafés von Paris*, Arche Verlag, Zürich, 1993.
Norberto Fuentes: *Sturmfluten des Herbstes*. Ernest Hemingway wiederentdeckt, Olms, Hildesheim, 1994.
Norberto Fuentes: *Ernest Hemingway. Jahre in Kuba*, Galgenberg, Hamburg, 1987.
A. E. Hotchner: *Hemingway und seine Welt*. Heyne-Verlag, München, 1990.
Kenneth S. Lynn: *Hemingway. Eine Biographie*, Rowohlt Taschenbuch Verlag, Reinbek, 1989.
Harry MacElhone: *Harry's ABC of mixing cocktails, with new material by Andrew MacElhone*, Souvenir Press Ltd., London, 1993.
Hans-Peter Rodenberg: *Ernest Hemingway in Selbstzeugnissen und Bilddokumenten*, Rowohlt Taschenbuch Verlag, Reinbek, 1999.
Suzanne Rodriguez Hunter: *Rendez-vous im literarischen Paris. Eine kulinarische Reise durch das Paris der zwanziger Jahre*, Rowohlt Taschenbuch Verlag, Reinbek, 1997.
Andrea Weiss: *Paris war eine Frau. Die Frauen von der Left Bank*, Rowohlt Taschenbuch Verlag, Reinbek, 1998.

Quellennachweis der Abbildungen

Süddeutscher Verlag, Bilderdienst, München: Umschlagvorderseite, 123
John Fitzgerald Kennedy Library, Boston: 6, 17, 19, 28, 29, 37, 55, 72,
   85, 93, 98, 105, 106, 111, 114, 118, 133 (© Lloyd Arnold), 134, 135
   (© Lloyd Arnold), 136, 142 (© 1999 Earl Theisen), 150, 155, 156
   (© 1999 Earl Theisen), 160 (© Cuevas/Madrid), 164 (© Fournol),
   165 (© John Bryson)
Jörg Peyk, Mönchengladbach: 126
Folgenden Hotels, Restaurants und Bistros sei für die Abdruckgenehmi-
   gung ihrer Signets, Speisekarten und Fotos in diesem Buch gedankt:
   Café de Flore/Paris: 43; Hôtel d'Angleterre/Paris: 44; La Rotonde
   en Montparnasse/Paris: 46; Café de la Paix/Paris: 46; Le Polidor/
   Paris: 47; Le Select/Paris: 47; Le Jardin de l'Europe/Strasbourg:
   61; La Closerie des Lilas/Paris: 78, 167; Brasserie Lipp/Paris: 81, 82
   (© Alain Senly); The Dorchester/London: 138; Hôtel Ritz/Paris: 140

Ernest Hemingway

Zum 100. Geburtstag von **Ernest Hemingway** am 21. Juli 1999 gibt es zehn seiner bedeutendsten Werke in schöner Ausstattung bei rororo:

Der alte Mann und das Meer
(rororo 22601)

In einem anderen Land *Roman*
(rororo 22602)

Fiesta *Roman*
(rororo 22603)
Bereits mit seinem ersten Roman – 1926 unter dem Titel «The Sun Also Rises» in den USA erschienen – erregte Hemingway literarisches Aufsehen.

Schnee auf dem Kilimandscharo
6 Stories
(rororo 22604)

Paris – ein Fest fürs Leben
(rororo 22605)
Erinnerungen an die glücklichen Jahre in Paris, als er mit Gertrude Stein, Ezra Pound, James Joyce und Scott Fitzgerald zusammenkam.

Der Garten Eden *Roman*
(rororo 22606)

Insel im Strom *Roman*
(rororo 22607)

Die grünen Hügel Afrikas
Roman
(rororo 22608)
Der wirklichkeitsgenaue Bericht über eine Safari wird durch äußerste sinnliche Anschauung über alle literarische Erfindung hinaus zur Dichtung.

Tod am Nachmittag *Roman*
(rororo 22609)
Hemingways berühmtes Buch über den Stierkampf, den er selbst in den Arenen Spaniens und Mexikos erlernte.

Wem die Stunde schlägt
Roman
(rororo 22610)

Die Wahrheit im Morgenlicht
Eine afrikanische Safari
Mit einem Vorwort von Patrick Hemingway
Deutsch von Werner Schmitz
480 Seiten. Gebunden

Ernest Hemingway
dargestellt von
Hans-Peter Rodenberg
(monographien 50626)

Ein Gesamtverzeichnis aller lieferbaren Titel von *Ernest Hemingway* finden Sie in der *Rowohlt Revue*. Vierteljährlich neu. Kostenlos in Ihrer Buchhandlung.
Rowohlt im Internet:
www.rowohlt.de

rororo Literatur

Romane und Erzählungen

Julian Barnes
Flauberts Papagei *Roman*
(rororo 22133)
«Dieses Buch gehört zur Gattung der Glücksfälle.»
Süddeutsche Zeitung
Briefe aus London 1990-1995
(rororo 22128)
In fünfzehn Briefen aus London erzählt Barnes von Margaret Thatcher, John Major und Tony Blair und wirft vielsagende Blicke hinter die Kulissen von Lloyd's of London und über die Mauern des Buckingham-Palasts.
«Unglaublich witzig.»
Stuttgarter Nachrichten

Andre Dubus
Sie leben jetzt in Texas *Short Stories*
(rororo 13925)
«Seine Geschichten sind bewegend und tief empfunden.» *John Irving*

Erri De Luca
Die erste Nacht nach einem Mord *Erzählungen*
(rororo 22406)
Die Asche des Lebens *Erzählung*
(rororo 22407)

Stewart O'Nan
Engel im Schnee *Roman*
(rororo 22363)
«Stewart O'Nans spannendes Erzählwerk ist zum Heulen traurig und voller Schönheit, seine Sprache genau und von bestechendem Charme. Die literarische Szene ist um einen exzellenten Erzähler reicher geworden.» *Der Spiegel*

Nicholas Shakespeare
Der Obrist und die Tänzerin *Roman*
(rororo 22619)
«Ein spannender und poetischer Roman über Gewalt, Ethik und Liebe.»
Süddeutsche Zeitung

Alexandru Vona
Die vermauerten Fenster *Roman*
(rororo 22459)
«Ein Jahrhundertwerk.»
Saarländischer Rundfunk

Daniel Douglas Wissmann
Dillingers Luftschiff *Roman*
(rororo 13923)
«Dillingers Luftschiff» ist eine romantische Liebesgeschichte und zugleich eine verrückte Komödie voll schrägem Witz, unbekümmert um die Grenzen zwischen Literatur und Unterhaltung.

Weitere Informationen in der **Rowohlt Revue**, kostenlos in Ihrer Buchhandlung oder im **Internet: www.rowohlt.de**

rororo Literatur

Toni Morrison

«Ich schrieb *Sula* und *Sehr blaue Augen*, weil das Bücher waren, die ich gerne gelesen hätte. Da keiner sie geschrieben hatte, schrieb ich sie selbst.» **Toni Morrison** hat eine ungewöhnliche Karriere gemacht: Geboren wurde sie 1932 in Lorain, Ohio, war Tänzerin und Schauspielerin, studierte und lehrte neun Jahre lang an amerikanischen Universitäten englische Literatur. Mit dreißig Jahren begann sie zu schreiben und galt rasch als eine der bedeutendsten Schriftstellerinnen Amerikas, die eine poetische und kraftvolle Sprache für die Literatur schwarzer Frauen gefunden hat. 1988 wurde Toni Morrisons Buch *Menschenkind* mit dem Pulitzer-Preis ausgezeichnet; 1993 erhielt sie den Nobelpreis für Literatur.

Sehr blaue Augen *Roman*
(rororo 14392)
Es war einmal ein Mädchen, das hätte so gerne blaue Augen gehabt. Aber alle Menschen, die es kannte, besaßen braune Augen und sehr braune Haut...

Jazz *Roman*
Deutsch von Helga Pfetsch
256 Seiten. Gebunden und als rororo 13556
Toni Morrison, «wohl die letzte klassische amerikanische Schriftstellerin» *(Newsweek)*, komponiert in ihrem 1926 in Harlem spielenden Roman die Rhapsodie einer großen Liebe, die scheitern muß, weil sie ihre Wurzeln nicht kennt.

Teerbaby *Roman*
Deutsch von Uli Aumüller und Uta Goridis
368 Seiten. Gebunden und als rororo 13548

Im Dunkeln spielen *Weiße Kultur und literarische Imagination. Essays.*
Deutsch von Helga Pfetsch u. Barbara von Bechtolsheim
128 Seiten. Gebunden und als rororo 13754

Menschenkind *Roman*
Deutsch von Helga Pfetsch
384 Seiten. Gebunden und als rororo 13065

Sula *Roman*
(rororo 15470)
Ein Roman über die intensive Freundschaft zweier Frauen.

Solomons Lied *Roman*
Deutsch von Angela Praesent
392 Seiten. Gebunden und als rororo 13547

Rowohlt im Internet:
www.rowohlt.de

rororo Literatur